上海财经大学上海国际金融中心研究院(SIIFC)系列丛书
Shanghai University of Finance and Economics Shanghai Institute of
International Finance Center Series

金融观察与评论

Financial Survey and Review

(2021年第1辑)

上海财经大学上海国际金融中心研究院　编著

上海财经大学出版社

图书在版编目(CIP)数据

金融观察与评论.2021年.第1辑/上海财经大学上海国际金融中心研究院编著.
—上海:上海财经大学出版社,2022.12
(上海财经大学上海国际金融中心研究院(SIIFC)系列丛书)
ISBN 978-7-5642-4006-6/F·4006

Ⅰ.①金… Ⅱ.①上… Ⅲ.①金融—研究—中国—2021 Ⅳ.①F832

中国版本图书馆CIP数据核字(2022)第137702号

责任编辑:刘　兵
封面设计:张克瑶

金融观察与评论　2021年第1辑

编　　著:上海财经大学上海国际金融中心研究院
出版发行:上海财经大学出版社有限公司
地　　址:上海市中山北一路369号(邮编200083)
网　　址:http://www.sufep.com
经　　销:全国新华书店
印刷装订:江苏凤凰数码印务有限公司
开　　本:787mm×1092mm　1/16
印　　张:10
字　　数:207千字
版　　次:2022年12月第1版
印　　次:2022年12月第1次印刷
定　　价:45.00元

金融观察与评论
Financial Survey and Review

学术委员会主任：郑　杨

学术委员会副主任：赵晓菊

学术委员会委员：（按姓氏笔画排序）

　　　　　　　　丁剑平　马文杰　王世豪　王海峰
　　　　　　　　石良平　叶国标　刘莉亚　李　峰
　　　　　　　　宋晓燕　陈　良　陈学彬　林　辉
　　　　　　　　夏大慰　徐明棋　黄雪军　谢向阳
　　　　　　　　谢海光　雷　涛

编辑组成员

主　任：赵晓菊

副主任：马文杰　谈儒勇

序　言

上海财经大学上海国际金融中心研究院(以下简称研究院)作为上海高校智库,紧密对接国家和上海的重大发展战略,开展持续深入的研究。为了汇集校内外众多专家、学者的智慧,研究院搭建了开放的协同研究平台。自2015年起,研究院结合自身研究领域,每年安排专项经费用于其自设课题的研究。自设课题由研究院专家团队及其学术委员会成员提出建议,并经学术委员会审定后对外发布、公开招标,支持校内外的优秀研究团队围绕研究院精心筛选的重大问题展开研究。其中,长三角一体化建设和多层次资本市场建设是研究院重点关注的两个领域。本期挑选的四篇研究报告,分别在上述两个领域展开了深入研究,并提出了相应的建议。

研究院副院长、"一带一路"建设问题首席专家谈儒勇带领的团队认为,长三角区域一体化发展包含制度一体化、市场一体化、社会一体化、经济一体化和金融一体化等内容,金融作为现代经济的血液,无疑是推动长三角区域协同发展的核心要素。课题组借用物理学的耦合原理,验证了在长三角区域城市间的金融协调和经济一体化两者之间有很强的相互作用。对于金融协调滞后型的城市来说,应将政策着力点放在努力发展本地金融业及更好地对接上海金融市场上。对此,课题组给出了有针对性的对策与建议。

研究院客座研究员、上海财经大学教授吴一平带领的团队,从财政体制与财税政策两个层面,分析了长三角科创一体化发展中存在的短板和瓶颈。在借鉴国内外发展经验的基础上,课题组提出了切实可行的改革措施,对于上海引领长三角科创一体化发展具有重要的现实意义。

研究院课题组基于现有的科创板相关制度及其第一年的发行交易数据,对科创板运行的效果进行了评估,在此基础上对科创板今后的健康发展及注册制的后续推广提出了相应的对策与建议。

上海期货交易所大宗商品服务部总监鲍建平带领的团队针对如何建设我国大宗商品要素市场进行了深入探讨。课题组建议上海市在大宗商品要素市场建设上发力,形成领军集聚效应,增强上海金融能级。首先,在立法层面支持期货法的制定。其次,在政策层面为市场参与者、上海期货交易所以及在沪商业银行提供更多支持。

谨此代表研究院感谢上述专家的精辟分析及精彩观点,以及社会各界专家一直以来对研究院的鼎力支持!期待更多的专家、学者能够参与到研究院的决策咨询中来,为国家及上海发展贡献真知灼见!

马文杰
上海财经大学上海国际金融中心研究院院长、教授
2022 年 1 月 13 日

目 录

2021 年第 1 辑

| 谈儒勇 | 长三角一体化中的金融协调 | （1） |

| 吴一平　李鹏飞
王　伟　李文奇 | 上海引领长三角科创一体化发展的财政政策研究 | （21） |

| 史俊明　朱　松 | 科创板试点注册制运行情况与实施效果评估研究 | （48） |

| 鲍建平　袁开洪
宋　斌 | 我国大宗商品要素市场建设的难点与方案建议 | （99） |

长三角一体化中的金融协调

◎ 谈儒勇[①]

摘要： 长三角区域[②]一体化发展包含制度一体化、市场一体化、社会一体化、经济一体化和金融一体化等内容，金融作为现代经济的血液，无疑是推动长三角区域协同发展的核心要素。由于各种原因，长三角金融一体化目前还存在不少问题。本课题借用物理学的耦合原理，验证了在长三角区域城市间的金融协调和经济一体化两者之间有很强的相互作用。研究表明，在金融协调和经济一体化过程中，一个发展相对滞后，就会拖累另一个。进一步的研究表明，在选取的2014—2018年九座样本城市中，各有三座分属于金融协调滞后型、经济一体化滞后型和二者同步型，说明不同城市未来发展重点应有所不同。如对于金融协调滞后型的城市来说，应将政策着力点放在努力发展本地金融业及与更好对接上海金融市场上。根据上述分析，课题组建议：第一，打破内部行政分割，促进区域内部各地区各部门的利益协调发展，建立和完善长三角金融的长效合作机制。第二，完善长三角区域内部的金融基础设施，优化区域信用环境。第三，建立更加注重混业监管和功能监管的区域金融监管体系。第四，促进长三角区域内部金融资源、人才、信息等要素的自由流动。第五，创新服务体系，打造中国特色的离岸金融。

一、长三角一体化的历程

（一）长三角区域合作：从"15城联席会议"到区域一体化发展

长三角是我国经济发展最活跃、开放程度最高、创新能力最强的区域。长三角各城市的自发合作，最早可追溯至1992年建立的长江三角洲15个城市协作部门主任联席会议

[①] 谈儒勇，上海财经大学上海国际金融中心研究院副院长、副教授。
[②] 长江三角洲城市群(简称长三角城市群)以上海为中心，位于长江入海之前的冲积平原，根据2019年《长江三角洲区域一体化发展规划纲要》，规划范围正式定为苏浙皖沪三省一市全部区域。以上海市，江苏省南京、无锡、常州、苏州、南通、扬州、镇江、盐城、泰州，浙江省杭州、宁波、温州、湖州、嘉兴、绍兴、金华、舟山、台州，安徽省合肥、芜湖、马鞍山、铜陵、安庆、滁州、池州、宣城27个城市为中心区(面积为22.5万平方千米)，辐射带动长三角区域高质量发展。

制度,此后于 1997 年升格为长江三角洲城市经济协调会。

自 2001 年我国加入世界贸易组织(WTO)以来,长三角综合经济实力迅速提升,推动长三角一体化发展逐步受到中央决策部门的重视。《国务院关于进一步推进长江三角洲地区改革开放和经济社会发展的指导意见》(2008 年)、《国家发展改革委关于印发长江三角洲地区区域规划的通知》(2010 年)、《国家发展改革委 住房城乡建设部关于印发长江三角洲城市群发展规划的通知》(2016 年)等重要文件相继颁布,加快了长三角经济一体化进程。至 2018 年,长江三角洲区域一体化发展正式上升为国家战略。

2018 年,习近平总书记在首届中国国际进口博览会上庄严宣布:"支持长江三角洲区域一体化发展并上升为国家战略,着力落实新发展理念,构建现代化经济体系,推进更高起点的深化改革和更高层次的对外开放,同'一带一路'建设、京津冀协同发展、长江经济带发展、粤港澳大湾区建设相互配合,完善中国改革开放空间布局。"

(二)《长江三角洲区域一体化发展规划纲要》的印发按下长三角一体化发展"加速键"

自长三角一体化上升为国家战略后,规划、配套方案及支持措施轮番出台。2019 年,长江三角洲区域一体化战略被写入政府工作报告。同年 12 月,《长江三角洲区域一体化发展规划纲要》(以下简称《纲要》)正式发布,明确了"一极三区一高地"[①]的战略定位。《纲要》指出,到 2025 年,长三角一体化发展将取得实质性进展;跨界区域、城市乡村等区域板块一体化发展达到较高水平,在科创产业、基础设施、生态环境、公共服务等领域基本实现一体化发展,全面建立一体化发展的体制机制;到 2035 年,长三角一体化发展达到较高水平;现代化经济体系基本建成,整体达到全国领先水平,成为最具影响力和带动力的强劲活跃增长极。

2020 年《长三角生态绿色一体化发展示范区国土空间总体规划(2019-2035 年)》草案公示,提出把建设长三角生态绿色一体化发展示范区作为实施长三角一体化发展战略的先手棋和突破口,将生态保护、人文历史、产业发展有机融合,率先探索将生态优势转化为经济社会发展优势的新路径,不断提升在全球价值链中的位势,为长三角的高质量一体化注入强劲动能。

2021 年《中华人民共和国国民经济和社会发展第十四个五年规划和 2035 年远景目标纲要》提出,长三角作为重点发展区域,要加快打造引领高质量发展的第一梯队;提升长三角一体化发展水平,瞄准国际先进科创能力和产业体系,加快建设长三角 G60 科创走廊和沿沪宁产业创新带,提高长三角地区配置全球资源能力和辐射带动全国发展能力。

自长三角一体化上升为国家战略后,"三省一市"迅速行动,各地贯彻一体化战略的实

[①] "一极三区一高地"指《长江三角洲区域一体化发展规划纲要》中长三角的战略定位。其中,"一极"指的是全国发展强劲活跃增长极;"三区"指的是全国高质量发展样板区、率先基本实现现代化引领区、区域一体化发展示范区;"一高地"指的是新时代改革开放新高地。

施方案陆续出台,为长三角高质量一体化发展提供了有力支撑。2020年1月,上海出台贯彻《长江三角洲区域一体化发展规划纲要》实施方案,发挥上海核心城市功能和龙头带动作用,坚持项目化、清单化推进,坚持多方联动形成合力,推动长三角形成高质量发展的区域集群。同月,浙江、安徽实施方案相继出台。浙江实施方案提出,发挥浙江特色优势,坚持全省域全方位推进,坚持将浙江重大决策部署融入长三角一体化发展国家战略,形成示范区先行探索、中心区率先融入、多板块协同联动、全省域集成推进的一体化发展格局;安徽实施方案提出,坚持上海龙头带动,联手苏浙,扬皖所长,打造具有重要影响力的科技创新策源地、新兴产业聚集地、绿色发展样板区,建设长三角联通中西部的重要开放枢纽。2020年4月,江苏实施方案提出,聚焦"一体化"合力构建区域协调发展新格局,主动服务、积极支持上海发挥龙头作用,充分集成江苏优势,加强与浙皖战略协同。

长三角区域一体化发展包含制度一体化、市场一体化、社会一体化、经济一体化和金融一体化等内容,金融作为现代经济的血液,无疑是推动长三角区域协同发展的核心要素。加之,上海正在建设成为我国首屈一指的国际经济、金融、贸易、航运和科技创新"五大中心",因此,对长三角区域一体化进程中的"金融一体化"提出了更高的要求,它要求在长三角内部率先实现信贷资金、金融信息、金融人才等要素的跨地区自由流动和高效率配置,推动长三角区域的金融基础设施建设更完善、金融市场融合更充分、金融产品创新更科学。

长三角区域一体化发展既是一个不断迭代优化的复杂过程,又具有全局性、多维度、高能级的特点,蕴含着制度一体化、市场一体化、社会一体化的协同。只有将本区域发展中长期积聚的结构性矛盾化解并与本区域的经济活力、创新动力和发展潜力释放有机结合起来,才能实现寓"一体化"于"高质量"之中的发展目标。

无论是化解结构性矛盾,还是激活经济创新动能,长三角区域一体化都离不开金融的保障和支持。

二、关于区域金融协调发展的文献综述

随着长三角区域一体化的推进,各类市场主体对信贷资金、金融信息、金融人才等要素的跨地区流动和高效率配置提出了新的需求,亦对金融基础设施建设、金融市场融合、金融产品创新提出了更高的要求。从这个层面讲,区域金融服务业空间合理布局和优化是实现和保证区域金融资源优化配置的重要基础,区域金融协调发展则是促进区域经济一体化健康、快速发展的有力保障。

本课题所探讨的长三角区域金融的协调发展属于典型的大都市连绵区内的中宏观层面的金融协调,其中涉及长三角金融市场、金融机构、金融工具、金融监管及其金融制度的协调发展等,区域金融协调发展的最终目标及诉求,除区域金融本身的平稳、有序和高效

发展外,主要是推动形成符合区域一体化发展要求的经济社会发展状态。

(一)区域金融发展差异及区域金融的空间结构

张军洲(1995)、田霖(2006)、朱建芳(2008)等人的研究侧重于区域金融发展差异的分析。而殷得生和肖顺喜(2000)、张风超(2003a)、李小建(2006)、支大林和于尚艳(2008)等人的研究则侧重于区域金融空间结构的探讨。其中,殷得生和肖顺喜(2000)的研究认为,区域间的非同质性决定了金融资源的空间供给与需求的不对称性,从而决定了区域金融的存在。张风超(2003b)借鉴经济地域运动理论,指出金融效率是引导金融地域运动的决定性动因,并从城市职能角度出发将不同等级的城市划分为金融中心、金融增长极和金融支点三种金融级别类型。他认为,以上三种类型在金融地域运动的作用下,形成了金融级别城市空间运动格局。此后,他又以港粤金融发展为例,提出了港粤金融一体化的空间运动模式。李小建(2006)的研究指出,环境、全球化、行政格局、区域发展的相互作用影响着区域金融系统。支大林和于尚艳(2008)的研究认为,金融产业成长具有地域选择性,地理条件优越的区域往往能够形成金融产业成长中的"节点",随着产业运动"节点"数量增加,带动网络扩张;随着产业空间结构趋于完善,便会形成区域金融产业的空间聚集-扩散系统。

(二)区域金融和谐与可持续发展

这类研究认为,区域金融合作是区域金融和谐或可持续发展的基础。其中,胡章宏(1998)运用系统论的观点和方法,探讨了可持续金融发展的系统结构、基本类型、主要特征和运行机制,并提出了关于可持续发展能力的建议。刘仁伍(2003)探讨了区域金融均衡与区域金融调控的问题,并以此提出了金融可持续发展理论模式,他运用区域金融结构和金融发展理论,同时采用实证方法,发现了区域金融的相关问题,从而对金融结构和金融发展的相关理论进行了补充和完善,提出了关于金融结构的健全和金融发展的可持续性理论框架。支大林(2002)在进一步完善区域金融概念的基础上,界定了区域金融的范畴,提出了区域金融成长这一概念,其中包括时空性、吸引与辐射、层次性、环境差异等内容,并从质和量上分别进行分析和总结。郑长德(2005)的研究认为,金融运行和发展呈现出明显的区域特性,因此要注重区域金融和谐发展。高连和(2008)基于区域金融和谐发展的理论和实践,探讨了区域金融和谐发展的理论体系。张志元(2009)则从制度视角剖析了区域金融可持续发展的相关问题。

(三)区域金融协调发展

金融协调理论较早由孔祥毅(1998,2001)提出,他将金融协调划分为金融外部协调和金融内部协调两方面,进而提出了金融协调理论。王伟(2006)指出,区域政策性和商业性金融机构间的协调是区域金融协调发展的核心。尹优平(2007)以我国东北、东、中、西部四大区域为研究主体,分析了我国区域金融协调发展状况。

(四)长三角区域金融合作与发展

这方面的研究较多。金雪军和余津津(2003)分析了长三角区域金融合作的必要性和现实基础。易会满(2004)分析了长三角区域金融流动的现状,认为通过联动效应较大的业务领域和开展跨行合作,可以最终突破行政区划对金融联动的约束。施书芳(2005)认为长三角区域金融合作已具备良好的基础条件,金融合作氛围需要通过建立区域合作制度和规范市场规则来营造。任品一(2006)从立法、管理、政府间利益协调和市场体系完善等角度,提出了长三角区域金融资源的整合机制。李方(2006)认为地方政府应在一定范围、一定程度上退出金融资源的配置过程,实现金融资源在有规划、有管理的条件下以市场为导向达到最优配置。张颖熙(2007)比较了长三角、珠三角和环渤海三大经济区,发现虽然区域金融不断增长,但区域金融联系程度呈下降趋势。

(五)区域金融协调发展与区域经济

国外尽管有关区域金融协调发展的研究起步早,理论观点也比较成熟,但大多从国家整体层面出发,研究的范围和视角大多是国际性或全球性的,与本课题不太匹配。国外关于区域金融协调发展的研究始于20世纪70年代。其中,以戈德史密斯(Goldsmith,1969)、麦金农(McKinnon,1973)和肖(Shaw,1973)的研究为代表。他们的研究主要集中在探讨经济与金融发展之间的关系。进入20世纪80年代后,关于区域金融协调发展的研究比较少,如日本经济学家石川滋(1982)的研究表明,金融发展与部门间的资本流动有着密切的关系。自20世纪90年代起,随着经济全球化和区域一体化的同步发展,区域金融发展相关研究突破了戈德史密斯和肖框架中关于外生给定金融中介和金融市场的限制,在金融发展模型中逐渐融合了内生增长和内生金融中介或金融市场的因素。这一时期,金和莱文(King and Levine,1993)的研究比较有代表性。他们的研究表明,金融中介发展与经济发展之间存在着较强的正向相关关系,且金融部门的发展在相当程度上具有引导作用。

国内学者主要从区域金融可持续、协调等方面论述区域金融与区域经济。区域金融合作是区域金融和谐或可持续发展的基础,朱新天和詹静(1993)提出建立适应区域经济发展的金融联合与开放的金融环境和金融秩序。作为国内最早提出区域金融协调发展的学者,白钦先(2001)指出,区域间金融资源的流动与整合有利于经济可持续发展,同时起到稳定社会的作用,他在探讨金融资源属性的基础上,进一步梳理了金融可持续发展相关理论。崔满红和冯鸿周(2002)比较系统地研究了金融协调理论,强调金融—经济—社会三大系统之间的协调。窦尔翔和何炼成(2004)则指出,金融协调包括金融自身的协调和金融对经济的协调。

三、在金融协调方面存在的问题

(一)各地利益协调困难阻碍区域金融合作进程

长三角内部各省市的利益不协调,导致各地的金融市场条块分割、壁垒森严,不仅增加企业的融资成本,而且还造成各地金融资源的浪费。在现行的财税制度下,地方税收的高低是评价各省市地方政府政绩好坏的一个重要指标,这就降低了各地政府金融合作的意愿,导致长三角在金融基础设施建设中存在无序竞争、重复建设的问题,造成金融资源的浪费,阻碍了长三角区域金融协同发展的进程。

(二)各地政策衔接困难影响区域金融合作效率

长三角内部各省市的行政体制条块分割,除了法制化水平不一,金融政策没有一体化的情况也十分普遍。这导致各地行政壁垒严重,各地的金融规章制度相互不协调。长期以来,长三角"三省一市"出台了不少金融性地方法规和政策,而目前很多专项政策大多是面向竞争,只惠及本地企业,普惠性不足,即这些地方性政策法规没有考虑到区域内其他省市的利益诉求,而且在政策执行过程中的地方保护主义色彩比较明显。加之各省市出台的政策衔接困难,彼此缺乏一致性,导致长三角区域的金融合作层次浅、效率低。

(三)跨区域监管体系欠缺

长三角金融监管体系各自为政,阻碍了长三角区域金融行业的健康发展。现代金融离不开强有力的金融监管,因此,跨区域金融合作也离不开跨区域的监管合作。由于历史原因,长三角跨区域金融监管体系尚未建立起来,新型的监管手段比较缺乏,这主要体现在以下几个方面:一是监管信息割裂,难以形成监管合力;二是跨部门监管标准口径不一致;三是金融监管政策不统一,且协调难度大。

互联网金融"野蛮生长"的惨痛教训殷鉴不远。互联网金融平台利用自身跨地域经营、业务风险隐蔽等特点,在资本助推下"野蛮生长",同时由于各地监管力度不一致以及信息共享、互利合作机制相对欠缺,导致对互联网金融业务监管不到位,披着互联网金融外衣的非法集资、"平台跑路"等监管套利现象层出不穷,不仅给居民财产造成巨额损失,还诱发了经济与金融风险。

(四)各地金融发展水平参差不齐

长三角三省一市的金融发展水平差距较大,金融和经济都存在很强的区域分割性。现阶段间接金融在我国的金融体系中仍处于核心地位,商业银行是最重要的金融机构,因此,金融机构存贷款作为衡量商业银行发展水平的重要指标,能够对地区金融发展水平做出评价。同时,金融相关率反映金融与经济之间的关系,可作为衡量地区金融发展水平的关键指标,其计算公式为存、贷款之和除以生产总值。表1—1列示了长三角城市间金融发展指标和人均国内生产总值指标在2017年的值。

表1-1　　2017年长三角金融发展指标和人均GDP指标

城 市	人均存款(万元)	人均贷款(万元)	人均GDP(万元)	金融相关率
上海市	46.50	22.08	12.67	5.41
杭州市	38.53	30.92	13.31	5.22
宁波市	21.73	21.39	12.29	3.51
温州市	11.80	9.34	5.87	3.60
嘉兴市	15.77	12.83	9.41	3.04
湖州市	13.23	10.91	8.27	2.92
绍兴市	15.28	13.33	10.14	2.82
金华市	14.28	12.04	6.92	3.80
舟山市	16.64	14.50	10.44	2.98
台州市	12.14	10.41	7.20	3.13
南京市	36.91	30.19	14.06	4.77
无锡市	22.29	16.94	16.04	2.45
常州市	20.93	14.16	14.03	2.50
苏州市	24.77	22.45	16.21	2.91
南通市	16.04	10.80	10.59	2.53
盐城市	8.58	5.92	7.02	2.07
扬州市	12.89	8.94	11.23	1.94
镇江市	15.31	12.13	12.59	2.18
泰州市	12.61	9.09	10.20	2.13
合肥市	17.43	16.15	8.79	3.82
芜湖市	8.81	8.69	8.02	2.18
马鞍山市	8.66	6.52	7.43	2.04
铜陵市	8.63	6.04	6.98	2.10
安庆市	6.34	3.68	3.68	2.72
滁州市	5.57	4.17	3.94	2.48
池州市	6.56	3.87	4.51	2.31
宣城市	6.41	4.69	4.55	2.44

注：人均存款=地区金融机构本外币存款年末余额/地区常住人口

人均贷款=地区金融机构本外币贷款年末余额/地区常住人口

人均GDP=地区生产总值/地区常住人口

资料来源：根据各市2018年统计年鉴的相关数据整理。

从表1-1可以看出长三角城市在金融发展和经济发展方面存在较大差距。从最重要的人均存款、贷款两项指标来看,人均存款最高的城市为上海市,最低的城市为滁州市,分别为465 038元和55 746元,指标值差距8.34倍;而人均贷款最高的城市为杭州市,最低的城市为安庆市,分别为309 156元和36 776元,指标值差距8.4倍。两相对比,金融整体发展水平地区差异较大。从金融相关率来看,各城市间差距较小,其中上海市最高,扬州市最低,分别为5.41和1.94,指标值相差2.8倍。对比金融发展程度相似的地区,可以发现金融发展程度较高的城市,如上海、南京、杭州、宁波等,各项指标水平都较高,而滁州、马鞍山、盐城、铜陵等金融发展程度较低,各项指标水平也都较低。

(五)区域金融资源流动受阻

长三角由于地理位置上相近,经济上存在密切联系,金融冲破地区的限制,实现跨区服务也是经济发展的要求。但由于长三角各城市间金融要素市场没有一体化,各地的资金、人才、信息等要素流动受到不同程度的制约。各地在经济发展的过程中逐步形成了行政区经济,以上海为例,作为长三角区域金融合作的枢纽,理论上应该与江苏省、浙江省、安徽省存在密切的金融活动,但从区域资金流动的角度来看,上海与长三角其他省份,尤其是浙江省的资金联系并没有更为密切的发展趋势。上海作为全国金融中心似乎未在长三角资金配置上发挥更大的作用,在一定程度上也反映了上海的金融功能存在与长三角区域实体经济发展和金融需求脱节的问题。

地方政府之间的竞争及分税制导致地方政府对财政的控制力的削弱,强化了地方政府对金融资源的控制(魏清,2011)。"肥水不流外人田"和地方本位主义,导致金融资源的跨区流动受阻。

长期以来,长三角"三省一市"在人才政策和资源方面存在较大差异,给区域内的人才流动造成了一定障碍。例如对人才评价标准的不统一和人才的养老、医疗保险衔接困难,导致各地的人才市场处于分割状态,阻碍了人才的流动,使得资源分配缺乏有效性,不利于各地实现优势互补。同时长三角区域的人才合作由于缺乏顶层设计和统一规划,合作协调力度不够,政策兼容度低的问题也有待进一步解决。

总之,由于历史原因,长三角区域利益协调机制缺失、行政体制长期分割以及缺乏统一协调的金融监管体系,导致长三角区域内的金融资源分配不均衡、金融机制不协调、金融过度竞争、金融合作效率相对低下。

四、为何金融协调在推进一体化中是重要的
——基于双系统耦合模型的分析

课题组借用物理学的耦合原理,验证了在长三角城市间的金融协调和经济一体化两

者之间具有很强的相互作用。这表明在金融协调和经济一体化中,一个发展相对滞后,就会拖累另一个。进一步的研究显示,选取的2014—2018年九座样本城市中各有三座分属于金融协调滞后型、经济一体化滞后型和两者同步型,这表明不同城市未来发展重点应有所不同。如对于金融协调滞后型的城市来说,应将政策着力点放在努力发展本地金融业及更好对接上海金融市场等方面。

(一)研究设计:耦合模型适合分析城市间金融协调与经济一体化的关系

长三角共有27座城市,由于数据来源的限制,我们选择其中10座城市作为样本,它们分别是上海、南京、苏州、无锡、杭州、宁波、温州、合肥、芜湖和马鞍山。为了客观反映不同城市间经济与金融发展差异,我们对标上海,构造了其他城市的金融协调指数和经济一体化指数(均相对于上海)。据此就可以考察这两个指标在2009—2018年的时序特征。此外,运用耦合模型,可以计算出各城市逐年的耦合度与协调度这两个数值。其中耦合度反映的是两个系统之间相互作用的强度,可以用来考察金融协调与经济一体化之间是否存在较强的相互影响;而协调度反映的是两个系统的相互协调性,可以用来考察金融协调与经济一体化之间的协调程度,即各城市相对于上海在金融发展上的差距是否与其在经济发展上的差距相匹配。

需要说明的是,本课题并不研究金融与经济的关系,因而无法单独研究上海金融保险业发展与经济发展之间的耦合关系(这需要另文研究)。我们所研究的是城市间金融发展差距与经济发展差距之间的关系,通过此项研究,旨在为长三角更高质量一体化提供某种借鉴。

"耦合"一词源于物理学,用来描述两个及以上系统或运动形式相互作用从而彼此影响的过程,后被广泛应用于经济学、金融学等学科。通过耦合模型计算出系统间的耦合度可以描述多系统间相互作用、相互影响的程度。耦合协调度模型则以耦合度为基础引入各系统的综合发展指数,得出的协调度既能反映系统的耦合又能反映系统的发展,是耦合系统重要的评价指标。耦合协调度模型因其直观、易于使用和解释的特性,被广泛应用于综合评价系统。

近年来耦合模型越来越多地被应用于研究金融问题。李斌(2017)使用双系统耦合模型,计算了全国28个省会城市的金融-经济协调度,结果显示中国金融-经济进入了初级耦合阶段。刘芳等(2017)研究了湖南省内五大经济区的金融-经济耦合关系,发现耦合协调度在空间上差异明显,时序差异不明显。谈周宏(2019)构建了西北五省的金融发展-经济增长系统的耦合模型,结果表明西北五省的耦合协调度经历快速增长之后,现已达到优质协调阶段。

根据物理学中n维容量耦合(Capacitive Coupling)系数模型:

$$C_n = n \left[\frac{(u_1 \cdot u_2 \cdots u_n)}{\prod (u_i + u_j)} \right]^{\frac{1}{n}}$$

可推导出双系统耦合度函数：

$$C = 2\frac{\sqrt{u_1 u_2}}{u_1 + u_2}$$

上列公式中 u_1、u_2 分别为两个系统的综合评价指标，综合评价指标可使用熵值赋权法由各子指标合成得到①，本课题设计的评价指标详见表1—2。

表1—2　　　　　　　　金融协调和经济一体化的指标构成②

综合指标	子指标	指标说明
金融协调	某市金融机构年末存贷之和/GDP－上海市金融机构年末存贷款之和/GDP	反映该市提供存贷款的能力与上海市的差距
	某市金融业增加值/GDP－上海市金融业增加值/GDP	反映该市金融业的发展水平与上海市的差距
	某市年末贷款余额/某市年末存款余额－上海市年末贷款余额/上海市年末存款余额	反映该市金融资源配置的有效程度与上海市的差距
	某市保险深度－上海市保险深度	反映该市保险业在经济总量中的地位与上海市的差距
经济一体化	某市城镇居民可支配收入/上海市城镇居民可支配收入	反映该市居民收入与上海市的差距
	某市人均GDP/上海市人均GDP	反映该市经济发展水平与上海市的差距
	某市GDP增速－上海市GDP增速	反映该市经济增长速度与上海市的差距

虽然耦合度可以衡量各系统间相互作用的强弱，体现有序发展的趋势，但无法衡量系统的整体发展水平。例如当两个系统的综合评价指标相近但均很小时，系统的耦合度很高，表明耦合度对金融、经济发展的指导作用不够明显。因此，需要引入协调度概念来衡量两个系统的协调水平。耦合协调度模型公式如下：

$$D = \sqrt{C \times T}$$

其中 $T = au_1 + bu_2$。

上列公式中 D 为协调度、C 为耦合度、T 为金融协调和经济一体化的综合协调指数（它反映金融协调和经济一体化的整体协同的效应或贡献）；a、b 为衡量两个系统重要性的系数，假设"金融协调"和"经济一体化"同等重要，可以设 $a = b = 0.5$。

（二）研究发现：时序特征的分析

基于熵值赋权法，可以将各个子指标合成为综合指标，从而计算出各城市每年的金融协调指数值和经济一体化指数值。

---

① 限于篇幅，具体过程没有在此处列示，若读者有兴趣，可向作者索要。

② 某市的某一指标与上海市该指标的差值或比值越大，说明金融协调或经济一体化程度越高，因而表1—2中各项指标均为正向指标。

根据图1-1,可以看到9座城市的金融协调指数呈现相似的走势,可以细分为三个时间段来描述。

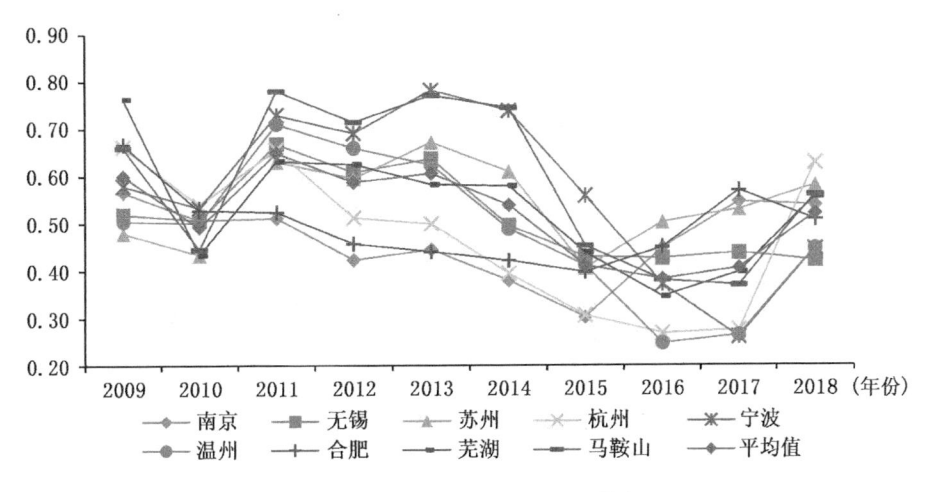

图1-1 各城市历年金融协调指数

2009—2011年为波动期。2009年该指数平均值为0.6,指数最高的3座城市为芜湖、合肥和马鞍山,其值分别为0.76、0.67和0.66,高于江苏省和浙江省的城市。2010年,9座城市的指数均出现下降,平均值降至0.49。2011年,除合肥外,8座城市的指数均出现明显反弹,最高的马鞍山为0.78,最低的南京也达到了0.51,平均值上升到0.65,为整个研究期最大值。

2012—2016年为缓慢下降期。这一时期,平均值持续下降,至2016年达到研究期最低值0.38,最高的苏州为0.5,最低的温州为0.25,温州的数值仅为苏州的一半。

2017—2018年是金融协调指数回升期,平均值由2016年的0.38上升至2018年的0.52,但总体仍低于2009年的0.60。

根据图1-2,9座城市的经济一体化指数无论从数值上还是从变化趋势上都有很大的差别,且指数的平均值由2009年的0.43下降到了2018年的0.34,总体呈波动中下降的趋势。其中马鞍山的经济一体化指数连续5年大幅低于平均水平,这可能由于其经济结构相对单一,受到钢铁行业不景气的拖累。

表1-3列出了我们根据耦合模型计算出的各城市历年的耦合度。从中看出,除马鞍山外,其他城市的耦合值在观察期一直大于0.8,属高水平耦合[①]。由于耦合度能反映系统间相互作用的强弱,我们可以得出结论,除了马鞍山,其他8座城市的金融协调和经济

---

① 耦合度的取值范围在0和1之间,我们采取四分位法来区分耦合度的类型,即在0和0.25之间,称为低水平耦合;在0.25和0.5之间,称为中等水平耦合;在0.5和0.75之间,称为较高水平耦合;在0.75和1之间,称为高水平耦合。

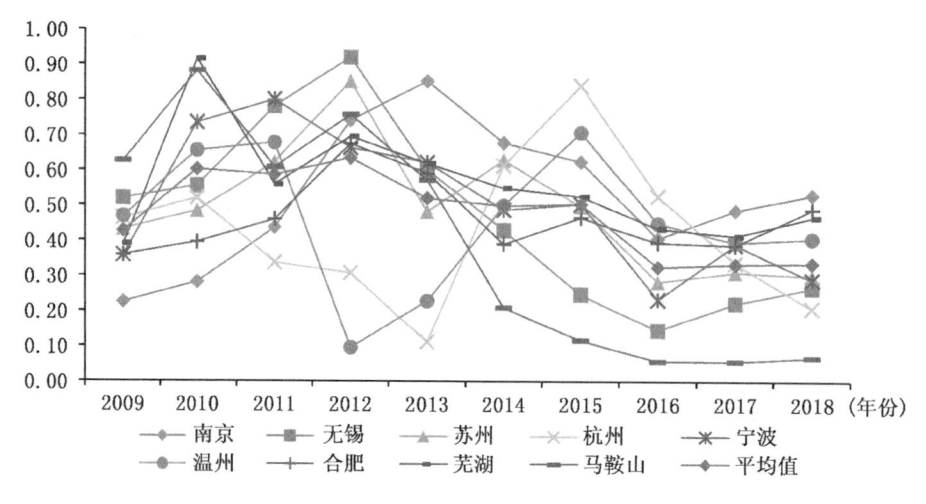

图 1-2　各城市历年经济一体化指数

一体化之间有很强的相互作用。

表 1-3　　　　　　　　　　各城市历年的耦合度

时间	南京	无锡	苏州	杭州	宁波	温州	合肥	芜湖	马鞍山	平均值
2009	0.95	1.00	1.00	0.95	0.96	1.00	0.98	0.99	1.00	0.98
2010	0.97	1.00	0.99	0.98	0.99	1.00	0.99	0.92	0.97	0.98
2011	1.00	1.00	1.00	0.92	1.00	0.98	1.00	0.99	0.99	0.99
2012	0.94	0.98	0.98	0.96	0.98	0.81	0.98	0.99	1.00	0.96
2013	0.93	1.00	1.00	0.86	0.96	0.84	0.99	1.00	1.00	0.95
2014	0.95	1.00	1.00	0.94	0.93	1.00	1.00	1.00	0.78	0.96
2015	0.97	0.94	1.00	0.87	1.00	0.98	1.00	1.00	0.78	0.95
2016	0.97	0.86	0.90	0.94	0.92	1.00	0.99	0.99	0.60	0.91
2017	0.99	0.94	0.92	0.95	0.98	0.99	0.96	0.98	0.65	0.93
2018	0.99	0.97	0.92	0.90	0.93	0.97	1.00	0.97	0.61	0.92

此外，研究期内样本城市的耦合度略有下降，2018 年 7 座城市的耦合度比 2009 年低，平均值也从 0.98 降至 0.92，说明金融协调与经济一体化双系统的耦合性有所减弱。

表 1-4 列出了各城市的协调度数值，从中可看出，除了南京，样本城市的协调度均呈现出大体下降的趋势。从总体看，2009 年 9 座样本城市的平均值为 0.72，属于较高水平协调[①]；分城市看，高水平协调的城市只有 1 座——马鞍山，其他均属较高水平协调。此后

---

① 协调度的取值范围在 0 和 1 之间，我们采取五分位法来区分其类型，从低到高，分别为低协调、较低协调、中等协调、较高协调和高协调。

两年协调度总体有所上升,2011年协调度的平均值为0.79,高水平协调的城市有4座,分别为宁波、无锡、马鞍山和温州,其余5座城市为较高水平协调。然而,此后样本城市的协调度持续下滑,2016年协调度的平均值下降到0.53,说明样本城市整体属于中等水平协调。虽然2017年起有所回升,但没有回到2009年水平。2018年协调度平均值为0.57,没有城市达到高水平协调,较高水平协调的城市有5座,分别为南京、合肥、芜湖、苏州和杭州,其余为中等水平协调。尤其是马鞍山从2009年的最高者变为2018年的最低者。

表 1-4　　　　　　　　　　各城市历年的协调度

时间	南京	无锡	苏州	杭州	宁波	温州	合肥	芜湖	马鞍山	平均值
2009	0.62	0.75	0.66	0.70	0.71	0.77	0.72	0.75	0.80	0.72
2010	0.63	0.76	0.65	0.70	0.86	0.83	0.70	0.78	0.80	0.75
2011	0.70	0.86	0.78	0.67	0.90	0.80	0.73	0.78	0.85	0.79
2012	0.73	0.86	0.81	0.64	0.76	0.57	0.76	0.81	0.88	0.76
2013	0.76	0.77	0.76	0.52	0.76	0.55	0.70	0.74	0.84	0.71
2014	0.68	0.66	0.74	0.70	0.71	0.63	0.59	0.71	0.59	0.67
2015	0.67	0.56	0.68	0.72	0.67	0.62	0.64	0.69	0.44	0.63
2016	0.65	0.50	0.61	0.58	0.44	0.45	0.62	0.62	0.34	0.53
2017	0.70	0.52	0.62	0.50	0.51	0.39	0.64	0.60	0.35	0.54
2018	0.72	0.53	0.64	0.60	0.49	0.47	0.65	0.65	0.43	0.57

(三)进一步分析:协调水平和协调类型的横向比较

以上是对协调度的时序特征的描述,下面我们对各城市进行比较分析。为了便于比较,将研究期划分为2009—2013年和2014—2018年两段,计算了各城市在两段时期的协调度均值,既排除了短期因素的干扰,便于横向比较,又能看出各城市的格局在不同时间段的变化。同时,我们根据两段时间内金融协调指数和经济一体化指数的孰高孰低,将各城市区分为金融协调滞后型、经济一体化滞后型和同步发展型[①]这三种类型(结果见表1-4和表1-5)。

从表1-5中可以看到,这一时期江苏省的样本城市协调水平最高,有2座城市属高水平协调,1座城市属较高水平协调;安徽省次之,1座城市属高水平协调,2座城市属较高水平协调;浙江省最低,3座城市均属较高水平协调。从协调类型来看,7座城市属于金融协调和经济一体化同步发展型,杭州和温州的经济一体化滞后于金融协调,说明该时期这两座城市在提升经济一体化水平上要比推进金融协调更加紧迫。

---

① 金融协调指数和经济一体化指数相差在0.1以内为同步发展型。

表1-5　　　　　　2009—2013年样本城市的协调水平和协调类型

协调水平	协调类型	城　市
高水平协调	金融协调与经济一体化同步型	苏州、无锡、马鞍山
较高水平协调	金融协调与经济一体化同步型	南京、宁波、合肥、芜湖
	经济一体化滞后于金融协调型	杭州、温州

观察表1-6可知,这一时期的协调水平仍然是江苏省和安徽省较高,均有2座城市属较高水平协调,1座属中等水平协调;浙江省除了杭州仍属较高水平协调外,温州和宁波都降为中等水平协调。协调类型方面,三种类型各有3座城市,相比上个时期出现了明显分化。

表1-6　　　　　　2014—2018年样本城市协调水平和协调类型

协调水平	协调类型	城　市
较高水平协调	金融协调与经济一体化同步型	合肥、芜湖
	金融协调滞后于经济一体化型	南京、杭州
	经济一体化滞后于金融协调型	苏州
中等水平协调	金融协调与经济一体化同步型	宁波
	金融协调滞后于经济一体化型	温州
	经济一体化滞后于金融协调型	无锡、马鞍山

(四)结论与启示

长三角城市间的金融协调程度与二者的经济一体化程度之间存在高水平耦合关系,大多数情况下为较高水平协调,其余为中等水平协调。金融协调与经济一体化相互作用,彼此产生良性影响,从而证明了加强金融协调是提升长三角经济一体化的重要抓手,上海需要提升金融辐射力,优化全区域金融资源配置,推动长三角经济一体化迈上新台阶。

从协调类型看,金融滞后、经济滞后和同步发展的城市数量相等,长三角部分城市的金融发展不足问题已经随着区域经济的增长显现出来。在统筹制定区域经济、金融政策时,需要因城施策,金融滞后的城市要把金融协调摆在更加突出的位置上,经济滞后的城市则要优先考虑承接产业转移、增强经济联系。

长三角城市间的金融协调度、经济一体化水平有所下降,这警示我们长三角区域一体化在过去的实践中出现了倒退。地方政府干预银行信贷资金的省际流动、各自为政的监管体系等因素制约了金融协调的进一步发展。经济一体化也面临缺乏跨行政区统筹规划、缺少收益共享机制的掣肘。若不解决制约长三角一体化的现实问题,金融协调和经济一体化则可能面临进一步倒退。

金融协调与经济一体化之间的协调度明显下降，且经济一体化指数整体低于金融协调指数。这表明与一般观点不同，长三角经济一体化水平落后于金融协调水平，长三角区域存在金融发展与实体经济发展的需求脱节的问题。金融发展与实体经济的需求脱节又会导致金融协调与经济一体化之间的协调度下降，从而破坏金融协调与经济一体化的耦合关系。

最后，加强金融协调并不意味着各城市都要跟上海一样建设金融中心，可能对省会城市而言，建设区域金融中心是可行的选择，但对长三角绝大多数城市来说，金融中心建设既不现实也无必要，它们只需强化与区域金融中心或上海的联系与协同，通过后者的有效辐射（比如由上海的金融机构和金融市场为这些地区提供异地金融服务）来补齐本地金融业发展的短板。同样，加强经济一体化也不等同于产业结构的同质化。各地应根据本地的实际情况，通过产业转移与产业承接，在产业链上找准适合自己的位置，重点发展具有本地优势的产业链中的部分环节，而不是发展整个产业链，也不是和其他城市发展完全一样的产业链环节。通过占据产业链或全球价值链中的不同环节，各地发挥比较优势与本地禀赋优势，进行错位竞争，既能强化不同城市间的合作，也能消除城市间的发展差距，这也许是一体化成功的关键。

五、强化金融协调的若干举措

（一）建立和完善长三角金融的长效合作机制

在经济全球化的时代潮流下，区域协同发展已成为区域参与竞争的基本形式，也是长三角一体化程度的重要体现（许涛等，2019）。根据曾刚等（2018），长三角 27 座城市已经初步形成"龙头＋节点＋外围"的协同发展格局。具体来说，上海是长三角区域协同的龙头，引领带动区域协同发展；苏州、南京、杭州、合肥作为区域节点城市，辐射带动周边城市协同发展；其余 22 座作为外围城市，主要靠内生服务功能支撑，协同发展能力相对薄弱。根据此项研究，长三角协调发展的动力源主要在龙头城市和节点城市，尤其是前者，长三角区域合作办公室设在上海就是一个例证。

魏清（2011）进一步指出，长三角区域内各省市金融发展水平的层次性、梯度性特点，为金融一体化留下了较大的发展空间，同时为区域金融协调发展提供不竭的内在动力。无论是从金融相关率（具体定义见前面的说明）指标，还是从金融保险业增加值占地区 GDP 的比重指标来看，长三角三省一市都呈现出"上海＞江浙＞安徽"的梯度差异格局。陈雯等（2018）也指出，长三角金融服务业空间布局层级明显，不同城市之间金融资源流动呈网络状，金融资源从上海国际金融中心向各次级金融中心再向其他城市梯度推移的特征较为明显。综上，当前长三角金融协调发展与经济一体化发展具备"天时地利人和"的有利条件。

具体来说,需加快制定长三角区域金融协调发展总体战略。长三角金融协调发展需要各方面的紧密配合、共同努力,要统一制定长三角三省一市的金融发展规划,为长三角金融合作提供科学指导。金融协调发展必须遵循"市场主导,政府推动"的原则(魏清,2011)。现有的《推进长江三角洲地区金融协调发展支持区域经济一体化框架协议》[①]是长三角金融一体化的一种非正式制度安排,该协议的主要贡献有二:一是要求建立推进金融协调发展工作联席会议制度,用以负责长三角区域的金融协调发展;二是该协议还提出设立长三角金融论坛作为推进区域金融协调发展的重要平台。该论坛要按照联合主办、轮流承办的方式每年举办一次。但是,不管是联席会议制度还是长三角金融论坛都不是一个正式的合作机制,不可能发挥政策制定、执行和监督的作用,也缺乏法律约束力。因此,要借鉴欧盟的超国家架构,建立统一高效的超越地方权限的长三角三省一市金融合作组织体系,并订立统一的金融规章制度,对参与各方实施统一的金融从业标准,一个具有政策制定、执行和督导的完整的合作组织体系,才能有效推动合作的发展。

在政策规划上,进一步提升合作机制层级,由中国人民银行总行牵头各金融管理部门或有关司局成立"金融服务长三角高质量一体化工作领导小组",加强组织领导;建立人民银行系统与三省一市各级政府部门的合作机制,了解长三角一体化对金融服务的需求,确保金融服务与国家的战略紧密对接,并与地方的产业政策、区域规划、财政政策紧密协同。同时,各省市应梳理各自的法规、规章,逐步取消影响一体化发展、具有地方保护色彩的执法依据、执法程序和执法规范等,为金融协调和经济一体化发展提供良好的政策环境。

为了促进长三角四地金融协调发展,要推进建立金融市场的合作互助机制和利益共享、补偿机制。根据各地区金融实际发展水平采取差别化的金融政策,建立区域均衡的财政转移支付制度,健全区域金融政策与其他宏观调控政策的联动机制。

(二)完善区域金融基础设施,优化区域信用环境

要尽快完善区域金融基础设施建设,特别是金融一体化信息系统的建设,以提高资金的运作效率。长三角金融一体化涉及诸多领域的互联互通,包括金融市场融合与创新、资金跨地区流动、金融机构发展合作、外汇管理改革创新、经济金融信息共享平台构建、改善金融发展环境、建立金融风险的共同预警和防范机制、加大金融人才引进和培训力度等,这些领域的合作推进都离不开区域金融基础设施的支撑。通过区域协同建设金融基础设施,例如为区域内企业提供金融服务征信数据大平台、利用区块链技术试点建设长三角区域金融服务的企业征信数据大平台、建立行业信用档案等,将显著改善区域金融协调效率。

---

① 在充分协商的基础上,中国人民银行会同上海市、江苏省、浙江省人民政府于2007年11月30日在上海共同签署了《推动长江三角洲地区金融协调发展支持区域经济一体化框架协议》,这标志着长江三角洲区域金融协调发展工作正式启动。

长三角三省一市各地方政府还应着力优化区域信用环境;积极采取措施,改善本地执法环境,提高法院判决的执行率,保护金融机构等债权人的合法权益。区域信用体系建设是一种造福于区域所有城市的公共产品,需要可持续的财政投入,离不开各地政府的大力支持。

(三)建立更加注重混业监管和功能监管的区域金融监管体系

在长三角区域内不断探索金融机构异地扩张、金融行业联动发展背景下的金融监管新模式。在区域经济一体化背景下,现行以行政区域划分的监管模式因为政策协调难和信息传播成本高等问题而变得不合时宜(魏清,2011),长三角金融监管机构改革应进一步研究以经济区域划分范围的管理模式,以便提高管理效率。强化区域金融中心的职能,通过协调合作来推动区域金融合作,解决区域金融监管中存在的问题。当前,混业经营已经成为全球化的基本趋势,这从客观上要求长三角区域内的金融监管应当从分业监管和机构监管转向混业监管和功能监管。众所周知,随着1999年美国《格拉斯-斯蒂格尔法案》的废除和同时覆盖所有金融领域的英国金融服务局的建立,混业监管和功能监管已经成为全球金融监管的基本模式。功能性监管指以金融业务而非金融机构作为监管对象,进而确定相应的监管机构和监管规则,减少监管职能的冲突和监管盲区。长三角区域的统一监管模式也应当强调混业监管和功能监管,对区域内各省市的金融机构的同一类金融活动实行统一监管,提高监管协调性,消除和减缓由跨区域经营带来的监管重叠和监管盲区并存问题。

建立长三角反假货币、反洗钱等领域的监管协作机制。组织构建上海和江苏两地打击假币犯罪沟通协调机制,加强上海和江苏两地货币管理部门与公安部门协作配合,互通打击假币犯罪情报信息;相互通报并开展对区域内重大金融风险特别是各类新型金融风险的协同处置工作,由上海市及"一行两会"有关部门牵头,联合其他三省,在长三角区域内建立金融风险联防联控机制,明确各省市、各部门的责任,通过信息共享、风险共担等合作机制,形成监管合力,把维护地区金融安全与金融稳定落到实处。

(四)促进长三角区域内部金融资源自由流动

允许城商行、大型农商行和外国银行分行设立异地支行,打破金融机构跨区经营的障碍;鼓励商业银行总行赋予在长三角的分支机构更大的经营自主权、产品创新权和风险处置权,推动横向联合,发展银团贷款。长三角商业银行对长三角一体化示范区或长三角异地企业的授信、贷款视为同城授信、贷款,不按异地贷款管理;加强长三角金融综合平台建设,鼓励金融机构借助平台开展异地授信。各个金融机构尤其是大型金融机构,可以在其自身组织形式、资金调度和绩效考核等方面积极地改革创新,努力促进金融资源的高效流转。可考虑适当放宽银行间同业拆借市场的准入,允许风险管控严格、经营规范又存在资金拆借需求的一级分行进入同业拆借市场,提高资金的横向调剂融通能力。

未来可以成立"长三角金融人才联盟",并与国际金融人才组织相连接,实现资源和信息的共享。将战略新兴产业、高能级产业的协调和培育,作为人才共享的工作重点。四地也须加强人才数据库共享,搭建统一开放的人才交流平台,方便区域内的人才信息利用,同时充分发挥上海科创中心的作用,将众多科研成果通过人才流动和技术传播的形式向长三角区域发散,推动创新升级。营造良好的人才发展环境,保护人才合法权益,可先努力推进区域内各地方户籍制度改革,强化对地方户籍制度与社会保障制度的一体化管理。对于愿意共享转移的人才及企业,给予一定的政策奖励。

上海作为国际金融中心,在信息获取与整合上相较长三角其他省市具备竞争优势,可发挥其高效聚合的信息优势,赋能长三角区域金融协调发展。通过定期发布有关国际最新的金融经济动态对长三角区域金融活动的影响、长三角区域的金融业务发展状况、区域金融业务机会和需求、上海自身金融活动状况等信息,助力上海信息优势转化为长三角信息优势,提高区域金融发展的整体竞争力。

(五)创新服务体系,打造中国特色的离岸金融

上海自贸区新片区方案明确提出要把上海打造成离岸金融中心。从全球的情况看,美元的离岸业务发展最好。考虑到中美目前紧张的经贸关系,在上海打造美元离岸业务不现实。发展上海的离岸金融,必将集中于人民币离岸业务。人民币离岸金融的发展需要一定的制度条件,而中国香港地区、新加坡等在人民币业务上已有一定的基础,上海与它们抢夺市场不具备特别的优势。因此,要想弯道超车,必须错位竞争,走自己的特色之路。比如上海自贸区首创的"自由贸易账户"功能仍需进一步拓展,以便利货币的兑换与资本的进出;又如,不同于完全隔离型离岸市场,上海的离岸市场需"有限渗透",方能辐射到长三角其他省市,进而支持长三角经济一体化发展。

参考文献

[1]Goldsmith R W. *Financial Structure and Development*[M]. New Haven,CT:Yale University Press,1969.

[2]McKinnon R I. *Money and Capital in Economic Development*[M]. Washington DC:The Brookings Institution,1973.

[3]Shaw E S. *Financial Deepening in Economic Development*[M]. New York:Oxford University Press,1973.

[4]King R G. and R Levine. Finance and Growth:Schumpeter Might Be Right[J]. *Quarterly Journal of Economics*,1993(3):717—737.

[5]〔美〕爱德华·S.肖.经济发展中的金融深化[M].上海:上海人民出版社,1988.

[6]白钦先.金融可持续发展理论研究导论[M].北京:中国金融出版社,2001.

[7]曾刚等.长江经济带城市协同发展能力指数(2017)研究报告[M].北京:中国社会科学出版

社,2018.

[8]陈雯,孙伟,袁丰. 长江三角洲区域一体化空间:合作、分工与差异[M]. 北京:商务印书馆,2018.

[9]崔满红,冯鸿周. 区域金融理论研究[M]. 北京:中国财政经济出版社,2002.

[10]窦尔翔,何炼成. 论西部经济发展的金融协调[J]. 重庆工商大学学报,2004(4):96-101.

[11]高连和. 区域金融和谐发展研究[M]. 北京:中国经济出版社,2008.

[12]胡章宏. 金融可持续发展论[M]. 北京:中国金融出版社,1998.

[13]金雪军,余津津. 长江三角洲金融合作区的创建与对策研究[J]. 浙江社会科学,2003(4):67-72.

[14]孔祥毅. 也谈金融持续发展[N]. 金融时报(理论版),1998-07-12.

[15]孔祥毅. 金融协调:一个新的理论视角[N]. 金融时报(理论版),2001-02-10.

[16]李斌. 中国省域经济金融协调发展的整体趋势与差异化特征:基于两系统耦合模型[J]. 金融发展研究,2017(12):29-35.

[17]李方. 长三角经济一体化与金融资源配置优化[J]. 社会科学,2006(8):48-51.

[18]李小建. 金融地理学理论视角及中国金融地理研究[J]. 经济地理,2006(26):721-730.

[19]刘芳,廖凯诚,彭耿. 湖南省区域金融与经济耦合协调发展研究[J]. 湖南社会科学,2017(3):113-117.

[20]刘仁伍. 区域金融结构和金融发展理论与实证研究[M]. 北京:经济管理出版社,2003.

[21]〔美〕罗纳德·麦金农. 经济发展中的货币与资本[M]. 上海:上海人民出版社,1997.

[22]任品一. 长三角地区金融治理状况及其整合机制研究[J]. 现代经济探讨,2006(2):76-79.

[23]施书芳. 用科学发展观关注长三角金融合作与互动[J]. 中国发展,2005(2):24-29.

[24]谈周宏. 丝路经济带西北五省金融发展和经济增长的耦合分析[J]. 区域治理,2019(29):91-93.

[25]王伟. 中国政策性金融与商业性金融协调发展研究[M]. 北京:中国金融出版社,2006.

[26]魏清. 金融资源流动与长三角金融一体化研究[M]. 北京:中国商业出版社,2011.

[27]许涛,张学良,刘乃全. 2018-2019中国区域经济发展报告——长三角高质量一体化发展[M]. 北京:人民出版社,2019.

[28]易会满. 经济一体化与金融区域化——长江三角洲经济发展中的金融联动策略研究[J]. 金融论坛,2004(2):3-10.

[29]殷得生,肖顺喜. 体制转轨中的区域金融研究[M]. 北京:中国经济出版社,2000.

[30]尹优平. 中国区域金融协调发展研究[D]. 西南财经大学学位论文,2007.

[31]张凤超. 港粤金融一体化理论与模式研究[D]. 东北师范大学学位论文,2003a.

[32]张凤超. 金融地域运动:研究视角的创新[J]. 经济地理,2003b(23):587-592.

[33]张军洲. 中国区域金融分析[M]. 北京:中国经济出版社,1995.

[34]张颖熙. 区域金融发展与金融一体化问题研究——基于中国的实证与分析[J]. 中央财经大学学报,2007(5):33-37.

[35]张志元. 区域金融可持续发展论:基于制度的视角[M]. 北京:科学出版社,2009.

[36]郑长德.当代西方区域金融研究的演进及其对我国区域金融研究的启示[J].西南民族大学学报,2005(11):151—160.

[37]支大林,于尚艳.区域金融理论与实证研究[M].北京:商务印书馆,2008.

[38]朱新天,詹静.关于区域经济与区域金融问题的探讨[J].金融研究,1993(9):48—51.

[39]田霖.区域金融综合竞争力的聚类分析与金融资源的优化整合[J].金融理论与实践,2006(2):16—18.

[40]朱建芳.区域金融发展差距:理论与实证分析[M].北京:经济科学出版社,2008.

[41]支大林.中国区域金融研究[D].东北师范大学学位论文,2002.

[42]石川滋.中国经济增长及其主要因素[J].经济研究(日本),1982(1).

上海引领长三角科创一体化发展的财政政策研究

◎ 吴一平[①]　李鹏飞[②]　王　伟[③]　李文奇[④]

摘要： 上海若要建设具有全球影响力的科技创新中心，则需以长三角科创一体化为重要依托，同时长三角科创一体化也需要发挥上海科创中心的引领作用。为了实现上海科创中心建设与长三角科创一体化协同发展的研发共建和产业共建目标，需要在财税政策和财政体制上有新的举措。本课题全面介绍了上海科创中心建设与长三角科创一体化协同发展的背景。课题组从区域协同发展的体制机制、区域产业一体化布局的先发优势、创新要素自由流动的营商环境、区域产融结合优势、上海辐射带动作用等方面分析了上海科创中心建设与长三角科创一体化协同发展的建设现状。同时，课题组从财政体制与财税政策两个层面分析了上海科创中心建设与长三角科创一体化协同发展中存在的短板和瓶颈。主要问题包括：财政体制协调事权乏力导致长三角科创一体化偏离改革初始目标；区域内财力与支出责任不匹配；高端产业扶持政策相互掣肘导致创新链与产业链脱节；扶持政策存在碎片化；缺乏针对性和精细化；跨区域协调机制缺位阻碍了创新要素流动和资源共享；跨区域利益共享机制尚未建立。课题组在借鉴国内外发展经验的基础上，提出了切实可行的改革措施，对于推动上海科创中心建设与长三角科创一体化协同发展具有重要的现实意义。相关措施包括：着力推动跨区域政府体制改革创新以破除协同发展障碍；建立事权与支出责任相匹配的财政体制；着力发挥财税政策在人才集聚、政府采购和基础设施投资领域的优化配置作用；建立以增量收益为基础的利益分享机制；整合碎片化的管理制度和分散化的扶持政策以提高创新链和产业链支持政策的精细化程度；复制推广以G60科创走廊和G42高端智能制造业走廊为代表的竞争性政策；推动以完善服务为导向的数字基建平台建设；打造长三角知识产权交易市场。

[①] 吴一平，上海财经大学教授、博士生导师，上海财经大学国际金融中心研究院客座研究员。
[②] 李鹏飞，上海财经大学博士生。
[③] 王伟，上海财经大学博士生。
[④] 李文奇，上海财经大学博士生。

一、上海引领长三角科创一体化发展的背景

党的十八大以来,习近平总书记把科技创新摆在国家发展全局的核心位置,围绕实施创新驱动发展战略,提出了一系列治国理政的新思想、新论断、新要求。党的十九届四中全会提出了"加快建设创新型国家,强化国家战略科技力量,健全国家实验室体系,构建社会主义市场经济条件下关键核心技术攻关新型举国体制"的宏伟目标。党的十九届五中全会提出了"到二〇三五年基本实现社会主义现代化"的远景目标,其中包括:关键核心技术实现重大突破,进入创新型国家前列。当前,全球化、信息化和网络化深入发展,城市群在经济高质量发展中的重要性逐渐突显。随着新科技革命与产业变革向纵深发展,科技创新对城市群发展变得更加重要。对于世界级城市群而言,只有推动区域内科技创新协同发展,共同开发应用新技术、新产品,孕育新模式、新业态,发展新产业、新就业,才能成为未来战略性新兴产业策源地,引领高质量发展并塑造新格局。[①]

2018年7月,《长三角地区一体化发展三年行动计划(2018—2020年)》正式下发,明确了到2020年长三角地区要基本形成世界级城市群框架。习近平总书记在2018年中国国际进口博览会上提出将长三角一体化发展上升为国家战略,这从战略的高度为长三角区域高质量发展指明了方向。2019年1月,时任上海市市长应勇在《政府工作报告》中指出:要全力实施长江三角洲区域一体化发展国家战略,合力推进长三角一体化发展示范区建设;积极推动并认真落实长三角一体化发展规划纲要,发挥上海的龙头带动作用。2019年12月1日,中共中央国务院印发《长江三角洲区域一体化发展规划纲要》,对长三角一体化发展进行了顶层设计:围绕"一体化"和"高质量"两个关键,有序有效推进长三角一体化发展,形成高质量发展的区域集群,共筑强劲活跃增长极,带动整个长江经济带和华东地区发展,更好服务国家发展大局。"一极三区一高地"是新时代建成社会主义现代化强国赋予长三角的战略重任,科技创新一体化是长三角一体化战略的重中之重。强化上海科创中心建设在筑建长三角跨区域科创生态链中的重要作用、促进创新要素在长三角区域有效流动、推动产学官研紧密合作,是实现长三角科创一体化的关键所在。

长江三角洲城市群集中了我国发展水平较高的城市,为了进一步提升城市群竞争力,需要促进区域内人才、资本、技术等高端要素在城市群内部有效流动,激励各城市发展具有比较优势的产业,实现长三角区域高端产业协同发展,最终推动长三角科创一体化的实现。上海正在建设具有世界影响力的科技创新中心,必然是以长三角科创一体化为重要依托;长三角科创一体化也需要发挥上海科创中心的引领作用。站在百年未有之大变局

---

① 李万,周小玲,胡曙虹,等. 世界级科技创新城市群:长三角一体化与上海科创中心的共同抉择[J]. 智库理论与实践,2018,3(4):94-100.

的历史关口,展望国家"十四五"发展规划和2035年远景目标,构建完整的内需体系,推动长三角区域打造成为国内大循环的中心节点和国内国际双循环的战略链接,加快形成国内国际双循环相互促进的新格局,应当成为谋划上海科创中心建设与长三角科创一体化协同发展的重点内容。

二、上海引领长三角科创一体化发展的内涵

(一)有利于促进科技创新与产业发展的有机结合

1. 高端产业的引领与龙头带动

上海作为全国重要的经济中心城市,在推动长三角科创一体化进程中起到了引领和龙头带动作用。上海建设具有全球有影响力的科创中心能着力提升大都市科技创新策源能力,在长三角科创一体化进程中发挥辐射和带动作用。

2. 创新要素集聚与优化配置

上海独特的区位优势使其成为链接国际国内两个扇面的门户枢纽,具有配置全球创新资源的潜力。上海一直在建设的长三角科技资源共享服务平台集聚了长三角区域各类优质科技资源,通过政府管理与市场运营的双轮驱动模式建立科技资源服务运营体系,打破了长三角各省市的区域界限,也促进了跨区域科技资源的共享共用。[1] 总的来说,全球创新资源配置功能是上海不断提高自身发展能力、拓展新发展空间的重要选择,也是引领长三角科创一体化的重要抓手。

(二)为上海科创中心建设奠定坚实的产业基础

上海科创中心建设要以长三角科创一体化为基础,以现代化产业体系为依托,以最前沿科学理论和先进技术应用为载体,以关键技术、核心技术、新兴技术为主攻方向,成为科学、技术、产业"三位一体"的全球科技创新策源地。[2] 大力推动长三角科创一体化有利于增强上海的引领和龙头作用,形成区域内互补互促、因地制宜的产业扶持政策,最终实现高端产业在长三角区域的优化布局。相应地,长三角区域的高端产业集群为上海科创中心建设提供了坚实的产业基础,有利于高精尖技术顺利进行成果转化,有序、有效地推进长三角科创一体化,形成高质量发展的区域集群,共筑强劲活跃增长极,带动整个长江经济带发展,更好地服务国家经济高质量发展大局。

(三)长三角科创一体化是上海科创中心建设的重要依托

长三角不仅集聚了丰富的创新资源,还汇集了一批具有国际先进水平的高端创新和产业平台,可以为上海科创中心建设提供强有力的创新支撑体系。上海科创中心建设必

---

[1] 朱凌君. 平台共享,科技资源"牵手"壁垒正在打破[N]. 解放日报,2019-09-04(13).
[2] 包海波,潘家栋. 以G60科创走廊促长三角一体化[N]. 浙江日报,2019-03-07(9).

然要以长三角科创一体化为重要依托。上海存在着创新成果转化的阶段性瓶颈,而江苏的高端制造业、浙江的民营企业需要引进大量的技术实现转型升级,长三角可围绕上海的科技创新战略进行高端产业布局,建立一批孵化基地和产业化基地。各省市发挥自身在科技创新和产业升级领域的优势,建立创新区域合作机制,推进产学官研合作,携手奋进,必能拥抱机遇、战胜挑战,共享协同创新溢出效应,实现上海科创中心建设与长三角科创一体化协同发展,加快上海建设具有全球影响力的科创中心的步伐。

(四)发挥财政体制和政策在上海科创中心建设与长三角科创一体化协同发展中的核心作用

上海科创中心建设与长三角科创一体化协同发展需要从城市群的高度实施产业布局,促进人才、资本、技术等生产要素在城市群内部有效流动,激励区域内各省市布局具有比较优势的技术研发和产业化基地。为了实现上海科创中心建设与长三角科创一体化协同发展的研发共建和产业共建目标,需要在财税政策和财政体制上有新的举措,这也是本课题研究的核心问题。上海科创中心建设与长三角科创一体化协同发展应该形成良性的联动机制,这一联动发展的实践应体现经济改革的新动力再造、新制度活力的释放,为我国区域一体化发展战略提供新的理论探索和经验。

三、上海引领长三角科创一体化发展的成果

2018年6月,《长江三角洲区域一体化发展规划纲要》和《长三角地区一体化发展三年行动计划(2018—2020年)》颁布,区域间发展规划的协调、产业一体化布局、区域内要素流动、区域间产融结合、上海的引领辐射等方面取得显著成效。

(一)初步确立区域协同发展的体制机制

实施区域协调发展战略是新时代国家发展的重大战略之一,是贯彻新发展理念、建设现代化经济体系的重要组成部分。[1] 党的十八大以来,各地区各部门围绕促进区域协调发展与正确处理政府和市场关系,在建立健全区域合作机制、区域互助机制、区际利益补偿机制等方面积极探索并取得了一定成效。长三角三省一市在中共中央国务院关于《建立更加有效的区域协调发展新机制的意见》的指导下,以习近平新时代中国特色社会主义思想为引领,深入贯彻落实《长江三角洲区域一体化发展规划纲要》,按照长三角区域一体化发展"一极三区一高地"的战略定位,以高度的思想自觉和行动自觉,紧扣"一体化"和"高质量"两个关键,聚焦"五个一体化",初步确立了区域协同发展的工作机制。[2]

---

[1] 习近平. 跨越时空的友谊 面向未来的伙伴——习近平在葡萄牙媒体发表署名文章[J]. 中华人民共和国国务院公报,2018(35):9-11.
[2] 吴丽蓉. "一极三区一高地"明确长三角一体化发展路径[N]. 工人日报,2019-12-07(1).

1. 区域制度规划协同

目前,长三角区域合作已进入多形式、宽领域、深层次的实质性深化提升阶段,其协调机制建设正向制度化、规范化和法治化方向发展。长三角区域建立了"三级运作、统分结合、务实高效"的区域合作协调机制,形成了以决策层为核心,由决策层、协调层和执行层共同组成的多层次合作机制。[①] 决策层以"省市主要领导座谈会制度"为主体,负责统筹整个长三角区域经济、社会、文化等发展中的重大事宜及布局建设,制定一体化的长期发展规划与战略目标。协调层以"长三角协调发展联席会议"为主体,在决策层的领导下直接领导执行层开展工作。执行层以多个专业执行机构为主体,负责把各专业委员会的工作具体分配到相关部门,通过各专家委员会、市长联席会议等形式,解决长三角一体化中产生的问题。

2. 区域发展战略协同

长三角三省一市围绕外资准入、对外贸易、金融服务、产业升级、科技创新、营商环境等领域,营造市场统一开放、要素自由流动的发展环境,将一体化进程引向纵深。依托上海张江、安徽合肥综合性国家科学中心的重要平台作用,面向产业创新需求,推动科技创新要素集聚。先行落实国家建设长三角科技创新共同体的相关政策措施,通过政策引导和项目支持,鼓励国际著名科研机构和高等院校、国家重点科研院所和高等院校、知名跨国公司实验室和国内行业龙头企业科研院所、知名科学家及其科研团队在长三角区域内设立分支机构、技术转移机构或共建研究院。聚合产学研力量,合力争取国家重大科研任务落户长三角,以更大力度服务"卡脖子"领域并联合攻关,形成具有自主研发、国际领先的技术集群。

(二)初步形成区域产业一体化布局的先发优势

1. 产业集群集聚发展呈现良好态势

为了明确长三角区域面向全球、辐射亚太、引领全国的世界级城市群整体定位,三省一市以创新链、产业链为纽带,各扬所长,优势互补,战略新兴产业布局从"点对点"到"片连片",进一步形成集聚效应,共同打造长三角高端制造业主阵地(见表2—1)。上海利用综合性总部经济优势,依托张江综合性国家科学中心及科教资源优势,在光子科技、能源科技、类脑智能、计算科学、生命科学等前沿交叉学科研究领域实现颠覆性集群式突破。杭州依托其在大数据和云计算方面的信息优势,从数字科学方面进行突破,在以电子商务、大数据为核心的电子信息技术领域,杭州走在世界前列。[②] 南京依托其在"大军工、大健康、大芯片"产业的远景规划,充分发挥科教资源优势,实现军事科学和民用技术的深度融合,取得一批原创性研究成果。合肥依托中科大和中科院科学岛的品牌互动优势,发挥

---

① 郁鸿胜. 长三角区域一体化的基础是建立上海都市圈协调发展[J]. 上海企业,2019(8):40—41.
② 洪银兴,王振,曾刚,等. 长三角一体化新趋势[J]. 上海经济,2018(3):122—148.

其在量子通信和超导材料等基础科学方面的辐射作用。

表 2-1 长三角代表城市产业集群现状

城 市	发展优势	产业集群现状
上海	总部经济、金融、科创实力强	集成电路、信息服务、人工智能、生物医药等产业集群
南京	科教资源优势	软件和信息服务、新型电力装备等先进制造业集群
苏州	区位优势、制造业基础雄厚	太阳能光伏、重大装备、生物医药等战略性新兴产业集群
杭州	民营经济发达	信息和文化创意、旅游休闲、金融服务、健康、时尚、高端装备制造等产业集群
合肥	有充足的劳动力资源,新兴产业发展迅猛	新型显示器件、集成电路和人工智能等产业集群

资料来源:根据首批战略性新兴产业集群名单、工信部公布的先进制造业产业集群名单以及各地区政府官网资料整理。

2. 建设区域产业共性技术研发基地

长三角区域通过政府引导、共同投入、风险共担、利益共享的方式,围绕区域战略产业、支柱产业、新兴产业和重点产业,鼓励各类研发机构与企业紧密合作,面向区域产业发展需求,建立了一系列区域产业共性技术研发基地,集聚三省一市科研优势,开展区域共性技术联合攻关。如江苏与复旦大学、上海交通大学、浙江大学、中国科学技术大学、中国科学院上海光学精密机械研究所等长三角知名高校院所共建南京先进激光技术研究院、浙江大学苏州工业技术研究院等新型研发机构,研发基地已达到几十余家。长三角通过建设区域性产业共性技术研发基地(见表 2-2),健全产业共性技术研发资金保障机制,突破阻碍产业发展的共性技术"瓶颈"制约,为优化产业结构和提升产业竞争力提供技术支撑。①

表 2-2 长三角部分产业共性技术研发基地建设情况

时 间	牵头地区	共性基地名称	合作高校	聚焦行业
2011年2月	苏州市	浙江大学苏州工业技术研究院	浙江大学	电子信息、生物医学、环保装备等
2012年6月	江苏省	南京先进激光技术研究院	复旦大学、上海交通大学、浙江大学、中国科学技术大学、中国科学院上海光学精密机械研究所等	激光应用设备、激光与光电子材料等
2016年11月	合肥市	量子信息与量子科技创新研究院	中国科学技术大学	量子信息与量子科技

① 沈开艳,陈建华,邓立丽. 长三角区域协同创新、提升科创能力研究[J]. 中国发展,2015,15(4):64-72.

续表

时间	牵头地区	共性基地名称	合作高校	聚焦行业
2017年12月	杭州市	中国药科大学(杭州)创新药物研究院	中国药科大学	生物医药产业集聚创新
2018年3月	上海市	上海智能型新能源汽车研发与转化平台	上海交通大学、同济大学、复旦大学等	燃料电池和智能网联汽车产业创新
2020年12月	苏州市	江苏省产业技术研究院有机功能材料与应用技术研究所	同济大学	高端功能性薄膜、高端药用辅材等有机功能材料
2021年1月	合肥市	合工大智能制造技术研究院	合肥工业大学	高端智能装备

资料来源:根据网络新闻报道整理。

(三)初步营造创新要素自由流动的营商环境

长三角尝试打破行政区划壁垒,创新要素按市场配置要求自由流动,呈现良好态势。主要包括:积极推进大型科学仪器开放共享;共建共享重大科研设施;建设全球高层次科技专家平台;积极推动科技资源开放共享一体化;联合开展科研攻关。

1. 科技资源共享服务平台

长三角科技资源共享服务平台由上海市、江苏省、浙江省和安徽省有关部门联合共建,致力于集聚长三角区域各类优质创新资源,采用政府管理与市场运营的双轮驱动模式建立科技资源服务运营体系,打破长三角区域各省市的行政界限,促进跨区域创新资源的共享共用。① 据此打通了长三角区域大科学装置、仪器设备、国家级实验室、工程中心、高新园区、服务机构、科研人才、科技政策等创新资源共享壁垒,逐渐形成"研发—技术—人才—市场—服务"的创新链条,降低信息搜寻成本,显著地提高了资源配置效率。截至2020年7月,长三角科技资源共享服务平台已整合区域内31 169台(套)大型科学仪器设施,总价值超过360.5亿元,大型科学仪器共享率达到90.3%,为三省一市企业和科研单位提供共享服务(见表2－3)。

表2－3　　　　　长三角科技资源共享服务平台大型科学仪器设施情况

地区	大型科学仪器(台/套)	仪器总价值(亿元)
上海	10 794	138.9
浙江	9 477	88.4
江苏	7 505	89.7
安徽	3 393	43.5

资料来源:长三角科技资源共享服务平台(试营运)。

---

① 朱凌君. 平台共享,科技资源"牵手"壁垒正在打破[N]. 解放日报,2019－09－04(13).

2. 全球高层次专家信息平台

为了充分发挥上海高端创新资源对长三角区域的辐射效应,上海研发公共服务平台不断探索区域内科技资源共享的工作方法和合作机制。[①] 上海充分发挥长三角区域创新体系建设联席会议作用,加强三省一市科技部门、相关单位的协调联动,充分调动区域内地方政府及企事业单位之间科技合作的积极性。[②] 上海研发公共服务平台管理中心(上海市科技人才发展中心)建设的全球高层次科技专家平台已初见成效,该平台已完成35万名专家数据的加工和挖掘,为所有科技专家勾画了学术肖像,并应用于人才引进和分析评估,在上海人才高峰工程等人才计划评选中发挥了重要支撑作用。同时,该平台面向全国开放,尤其注重服务长三角区域,助力区域创新发展。[③] 从长三角科技人才发展状况来看,长三角区域科技人才储量稳居全国前列,上海、杭州、苏州、南京、合肥均位列全国各类科技人才top15榜单(见表2-4)。

表2-4　　　2020年全国各类科技人才主要城市分布情况　　　单位:%

城 市	数字经济人才分布	新消费数字人才分布	制造业数字经济人才分布	金融数字人才分布
北京	16.0	17.8	7.9	19.5
上海	15.8	15.5	14.9	15.8
深圳	8.5	8.9	7.7	9.1
广州	5.1	5.9	3.4	5.6
杭州	4.4	4.9	3.5	5.0
成都	3.5	3.6	—	3.9
苏州	3.2	2.5	6.3	—
南京	2.8	2.7	2.7	2.8
武汉	2.4	2.2	2.6	2.3
重庆	2.4	2.3	2.7	2.4
西安	2.1	—	—	2.1
天津	2.0	—	2.6	—
郑州	1.4	—	—	—
合肥	1.3	—	—	—
长沙	1.2	—	—	—

资料来源:猎聘,《2021年数字经济人才白皮书》。

---

① 戴杨,俞灵琦. 科技资源共享,"解锁"长三角[J]. 华东科技,2019(1):26-27.
② 王德润,董文君. 构建长三角区域创新共同体的对策思路[J]. 安徽科技,2018(08):5-7.
③ 戴丽昕. 长三角大型科学仪器设施资源共享[N]. 上海科技报,2019-05-01(1).

(四)区域产融结合优势初步显现

1. 精准对接科创板

长三角科创一体化促进了创新资源在区域内的良性流动,科创企业集聚形成了互补互促的群体规模效应,同时促进了长三角区域科技人才的聚合。长三角各省市出台了相关政策支持科创企业发展,主动对接科创企业孵化培育,进一步优化营商环境,提升金融服务实体经济的适配性。上海市开展的"浦江之光"行动,通过完善一套部门联动、市区协同的协调推进机制,搭建科创企业和政策工具两个资源库,支持和鼓励更多科创企业上市。[1] 江苏省建立"企业科创板上市服务直通车联系机制",及时协调解决企业上市中遇到的困难与问题。浙江省在科创板相关制度落地前就开始储备科创板未来上市企业资源,是国内首个有明确"科创板备选企业名单"统计的省份。安徽省首先明确提出对登陆科创板企业给予资金补贴。截至2020年11月3日,在科创板上交所上市的189家企业中,有91家来自长三角,占比约48%,上海、江苏、浙江、安徽上市企业分别为31家、39家、15家、6家(见表2—5)。

表2—5　　　　　　　长三角科创板上交所上市公司分布

省市	科创板上市公司数量(家)	科创板上市公司占比(%)
上海	31	16.40
江苏	39	20.63
浙江	15	7.93
安徽	6	3.17

资料来源:宋清辉. 长三角企业占据科创板半壁江山 39家公司上市 江苏军团"兵强马壮"[EB/OL].[2020-11-03]. https://baijiahao.baidu.com/s?id=1682297444988349078&wfr=spider&for=pc.

2. 构建大交通产融格局

沪苏浙皖三省一市已经形成了交通领域主要领导座谈会机制,在设施建设、执法管理、信息共享等方面深化管理协同,并取得阶段性成果。长三角区域已经形成了以高速铁路、高速公路和长江黄金水道为主的多向联通对外运输大通道和城际综合交通网络。[2] 上海、南京、杭州等城市间基本实现城际客运高频次1小时至1.5小时快速通达,高速铁路、高速公路和民用机场覆盖率显著高于全国平均水平(见表2—6)。为了加快推进长三角交通一体化,上海着力完善交通网络布局和枢纽功能,推进松江枢纽规划建设,放大上海西南综合交通中心功能,打造集多种交通方式于一体的综合交通枢纽,提升对外服务辐射能力。为了促进科创要素在长三角自由流动和高效配置,促进生产、生活、生态深度融

---

[1] 唐玮婕. 为科创板源源不断输送优质上市资源[N]. 文汇报,2019-08-01(5).
[2] 王辰阳. 长三角交通一体化看得见摸得着[N]. 经济参考报,2020-07-02(4).

合,三省一市已建设九科绿洲临港松江科技城、苏州工业园区、合肥滨湖科学城、杭州大江东产业集聚区等产城深度融合示范园区。为了加强5G网络协同布局,三省一市合力打造"5G+智能制造"创新发展示范区,推进国家工业互联网新型产业化示范基地建设,构建全要素、全价值链、全产业链的工业互联网生态体系。

表2-6　　　　　　　　　　　　　2019年长三角交通网络情况

省　市	铁路营业里程(千米)	公路里程(万千米)	高速公路里程(千米)	机场群货邮吞吐量(万吨)	机场群旅客吞吐量(万人次)	规模以上港口货物吞吐量(万吨)	水路旅客运输量(万人)
上海	467	1.30	845	405.8	12 179.1	71 677	441
浙江	2 842	12.18	4 643	90.0	7 015.1	175 045	4 785
江苏	3 587	15.99	4 865	64.2	5 843.8	283 112	2 084
安徽	4 844	21.83	4 877	9.3	1 519.2	105 144	222

资料来源:根据《中国统计年鉴2020》[①]、中华人民共和国交通运输部统计数据[②]、中国民用航空局统计数据[③]整理。

(五)上海辐射作用初步显现

1. 推动长三角创新体系建设

上海以完善创新投融资机制为重点,加强创新载体和服务平台建设,形成政府推动、市场主导、社会参与的创新服务体系。首先,推动科技金融结合,搭建科技型中小企业投融资服务平台,集聚海内外资金推动科技型中小企业上市,打造企业成长全周期的金融服务链。[④] 其次,加快创新载体建设,健全科技创新服务体系,提高大学科技园、孵化器、加速器等创业孵化支持机构的专业服务能力。最后,建设一批重点领域的产业技术创新服务平台,壮大技术交易市场,完善标准、计量和检验检测技术基础支撑体系。[⑤] 上海科创中心建设充分发挥科技创新的产业路径优势,通过建设科技研发公共服务平台,整合共享各类科技创新资源,优化专业服务供给,降低研发创新、科技创业的成本与风险,进一步促进跨学科、跨部门、跨系统、跨地域的合作,带动长三角创新体系建设,营造创新能力提升的软环境,提升长三角科技创新和产业化的效率与效益。[⑥]

---

① 国家统计局. 中国统计年鉴[M].北京:中国统计出版社,2019.
② 中华人民共和国交通运输部综合规划司. 2019年12月全国港口货物、集装箱吞吐量[EB/OL]. [2020-01-20]. https://xxgk.mot.gov.cn/jigou/zhghs/201905/t20190513_3198921.html.
③ 中国民用航空局发展规划司. 2019年民航机场生产统计公报[EB/OL]. [2020-03-09]. http://www.caac.gov.cn/XXGK/XXGK/TJSJ/202003/t20200309_201358.html.
④ 郁鸿胜. 上海建设长三角城市群科创中心的若干探讨[J].上海城市规划,2019(2):5-10.
⑤ 郁鸿胜. 推进长三角城市群区域创新中心建设研究[J].上海城市管理,2019,28(5):41-44.
⑥ 李翠. 科技进步对上海市经济增长作用的测算研究[D].上海海事大学,2004.

2. 引领长三角区域高质量发展

上海着力优化营商环境,充分发挥了龙头带动作用,吸引大量投资助力长三角区域一体化,支持苏浙皖三省大力发展先进制造、数字经济和科技创新。2019年,上海牵头推进《长三角地区政务服务"一网通办"试点工作方案》,推动长三角政务数据资源共享共用,实现政务服务从"城市通"向"区域通"迈进。2019年6月13日,科创板在上海正式开板,吸引一大批先进制造业入驻上海,促进长三角乃至中国行业企业更好地对接国际先进制造业。2020年2月14日,上海市人民政府发布《关于进一步加快推进上海国际金融中心建设和金融支持长三角一体化发展的意见》,提出"建设与国际接轨的优质金融营商环境"。上海积极打造国际一流的营商环境,借力上海国际金融中心和科创中心的聚合力,带动长三角区域深度融入国际分工体系和全球价值链,引领长三角一体化高质量发展。

四、上海引领长三角科创一体化发展存在的相关问题

一是财政体制协调事权乏力导致长三角科创一体化偏离改革初始目标,进一步弱化了上海科创中心建设的基础。

目前,长三角区域合作办公室的主要职责是研究拟订长三角协同发展战略规划以及体制机制和重大政策建议,协调推进区域合作中的重要事项和重大项目,统筹管理长三角合作与发展,共同促进基金、中国长三角网站等,着力协调解决省际合作重大问题,开展协同创新路径研究,推动改革试点经验复制共享等。[1] 为了充分发挥上海科创中心建设与长三角科创一体化协同发展的国家发展战略重要载体作用,财政体制需要发挥协调沿线城市间事权的功能,比如交通基础设施建设、区域性的政务服务平台建设等。以交通基础设施建设为例,地方财力较强的城市有充足的能力投入财政资金进行交通设施建设,而财力较弱的城市缺乏这种能力。这样一来,长三角区域内各城市在基本公共服务供给方面将存在较大的差距,影响各城市对于企业投资、人才集聚的吸引力,难以体现一体化、高发展的目标。由于长三角区域合作办公室的核心功能在于区域内总体统筹与协调发展,难以从体制层面协调区域间事权,无法打破行政区划壁垒,因此影响了要素在区域间的流动。原因如下:首先,绩效考核体系导致地方政府考虑本地区经济发展局限在短期,难以从战略性、全局性角度来看待区域发展。其次,长三角区域合作办公室的行政层级相对较低,只是一个协商性的机构,缺乏从整体上进行发展规划的能力。长此以往,城市间协同创新发展的动力会逐渐弱化,最终使长三角科创一体化的发展路径偏离当初改革的目标。

二是区域内财力与支出责任不匹配,难以激发上海科创中心引领长三角科创一体化发展的积极性。

---

[1] 缪琦. 两会释放长三角一体化信号 对接融合正在加速[N]. 第一财经日报,2018-03-09(A01).

现行的财政体制未能充分体现财力与支出责任相一致的原则,难以匹配长三角科创一体化发展的需要。财政预算管理体制让长三角尤其是作为牵头人的上海市承担了较多的支出责任,但缺乏相应的充足财力。在《长三角地区一体化发展三年行动计划(2018—2020年)》中,长三角的目标任务更加明确:依托上海核心城市功能,面向长三角,共建共享覆盖三省一市的G60科创走廊。长三角各城市被赋予了更为重要的任务,它们所承担的事权也相对较多。更为重要的是,这些事权超过了作为地级市能够承受的强度。沿线城市本身的财权相对有限,加上近年来中央推行的减税降费改革,因而进一步弱化了各城市财权。在缺乏充足的转移支付的前提下,地方缺乏足够的财力支撑如此重要的国家战略。长三角科创一体化建设所需要的财政支出,并不能通过现行的财政预算管理模式来满足,这在很大程度上加重了沿线城市的财政压力。总之,对于长三角区域的各城市而言,现行的财政体制未能充分体现财力与支出责任相一致的原则,各城市尤其是上海的财政负担会不断加重,难以匹配长三角科创一体化发展的需要。

三是高端产业扶持政策相互掣肘导致创新链与产业链脱节,降低了上海科技创新与长三角区域技术转化的协同性。

创新供给与技术需求的对接是促进创新链与产业链协同发展的基础条件,上海科创中心建设与长三角科创一体化协同发展需要形成区域创新链与产业链协同发展机制。长三角三省一市都有自己独特的发展优势:上海市科研机构和科技人力资源基础较为扎实;江苏省制造业在全国处于领先地位,代表着长三角制造业最高水平;浙江省的民营经济与互联网经济蓬勃发展,对于推动产学研合作具有重要的作用;安徽省产业特色鲜明,行业体系健全,具备继续承接和发展现代化产业的有利条件。课题组以长三角代表性城市为例,梳理了各城市对高端产业的财政扶持政策(见表2—7),发现长三角三省一市针对高端产业发展制定了竞争性政策,激烈竞争导致了合理分工、优势互补的协作格局缺失,以及上海科技创新成果供给与长三角技术需求的错配,极大地影响了上海科技成果在长三角区域的推广和应用,阻碍了长三角区域创新链与产业链的有效对接。

表2—7 长三角代表性城市对高端产业的财政扶持政策

城 市	重点扶持产业、行业	共同扶持政策	其他扶持措施
上海松江区	全力提升先进制造业产业集群能级	财政出资成立产业投资基金,引导产业、行业发展	全面落实企业降本减负各项政策措施
杭州市	加快数字经济和制造业高质量发展	财政出资成立产业投资基金,引导产业、行业发展	做好100亿元纾困基金出资落地工作;落实电子商务专项资金;试行中小微企业研发活动补助制度
合肥市	推动先进制造业高质量发展	财政出资成立产业投资基金,引导产业、行业发展	无
湖州市	大力发展以数字经济为核心的新经济	财政出资成立产业投资基金,引导产业、行业发展	无

续表

城 市	重点扶持产业、行业	共同扶持政策	其他扶持措施
苏州市	大力发展先进制造业,以高端化为导向,推动先进制造业与现代服务业深度融合	财政出资成立产业投资基金,引导产业、行业发展	健全信贷风险补偿机制,提高财政资金风险容忍度,加大"科贷通"对科技型中小微企业创新发展的支持力度
芜湖市	立足产业前沿,聚焦培育机器人、新能源汽车、航空、3D打印、快递物流智能装备等特色优势产业	财政出资成立产业投资基金,引导产业、行业发展	加大对中小微企业金融支持力度
宣城市	以先进制造业为主攻方向,加快推进产业向中高端迈进	财政出资成立产业投资基金,引导产业、行业发展	无
嘉兴市	坚持先进制造业和现代服务业并重	财政出资成立产业投资基金,引导产业、行业发展	无
金华市	大力发展新能源汽车、生物医药、光电子等先进制造业集群	财政出资成立产业投资基金,引导产业、行业发展	实施小微企业信贷增氧计划和金融服务滴灌工程

资料来源:各城市的"十三五"规划文件。

四是扶持政策存在碎片化,缺乏针对性和精细化,导致创新链难以对产业链形成有效支撑。

首先,上海作为长三角科创一体化的龙头,在创新链的各个环节基本都有相应的国家或地方的科技计划或科技专项予以支持,但结果是"基础研究不基础""应用研究不实用",无法形成有效支撑产业发展的创新链。[1] 造成这种局面的根源是政府的科技创新管理部门分散,存在着条块分割、技术市场信息不对称等问题。科技项目没有一个整体规划,各创新环节之间亦没有必要的衔接配套机制,各类科技计划彼此分割、独自循环。这一方面很容易造成科技的投入不足,另一方面也常常导致同类技术研发的重复投入。如果不能有效整合各种创新资源,就难以形成有利于产业化的创新链。迄今为止,长三角区域还没有能够真正形成一套比较成熟的官产学研合作机制,缺乏一个有效的创新资源整合机制。其次,长三角的技术产业化支持政策缺乏针对性,政策精细化程度不够,全程跟踪缺位导致扶持资金利用效率不高,注重前期忽略中后期的扶持政策方式不利于创新成果顺利产出并转化,而创新对产业支持的"最后一公里"往往是最关键的环节。

五是跨区域协调机制缺位阻碍了创新要素流动和资源共享,各地区难以在科创一体化进程中形成比较优势。

长三角尚未建立区域性政策体系,各地区在创新方面的政策标准存在不同程度的不协调和不统一,区域科技合作的体制机制还不够健全,创新要素的区域间流动和共享机制

---

[1] 朱瑞博. 上海"高技术不高"的现状及根源分析[J]. 科学发展,2011(3):63—71.

还有待完善。[1] 首先,长三角区域内平台资源整合力度有待增强。不同的平台分别隶属于不同部门,同一领域的资源也分别被不同的部门所管理,没有形成与开放共享共用相适应的长效激励机制。[2] 以科学仪器设备共享和创新券为例,各地各部门之间的条块分割现象突出,大型仪器设备的管理相对封闭,真正实现开放共享大型仪器设备相对较少;各地科技创新券因支持对象不一、支持额度不一、支持内容不一使长三角区域创新券的通用通兑难以规模推广。[3] 其次,长三角区域科研联合攻关和经费跨区使用存在壁垒。对于产业中的一些关键共性技术和设备,由于研发投入巨大、周期较长,任何一个省市都无法独自承担巨额的开发费用,避重就轻的现象较为普遍,在共同组织联合科技攻关、共同管理研发资金等方面还缺乏制度保障和有效管理。再次,在地方财政支持项目经费跨区域使用及扶持创新的财政补贴方面存在分歧,共享程度较低。特别是地方财政科研项目经费目前还不能跨区使用,导致省(市)外高校或科研机构难以申请到当地科研经费。最后,多样化的人才政策造成长三角区域内人才竞争多于人才合作。尽管长三角区域各市都出台了人才发展战略(见表2-8),但是到目前为止仍未建立确保区域有序竞争与人才共享的制度,导致长三角区域内人力资源共享不充分,甚至人才资源相互挖墙脚的恶性竞争现象时有发生。由于当前社会保障制度是按照行政区划各自进行设计的,各省市之间没有衔接,存在明显的区域壁垒,严重制约了创新人才在区域内的自由流动。

表2-8　　　　　　　　　　长三角代表性城市引进人才政策

城　市	引进人才	补贴政策与手段
上海市松江区	第一层级优秀人才:(1)全国杰出专业技术人才;(2)G20国家最高学术权威机构会员(院士) 第二层级优秀人才:(1)全国科技重大专项专家组组长;(2)全国技术能手;(3)中华技能大奖获得者 第三层级优秀人才:(1)松江区科技创新杰出贡献奖获得者;(2)上海市杰出技术能手 第四层次优秀人才:(1)获松江区科学技术奖一等奖奖项的主要完成人;(2)持有外国人来华工作许可证(A类)的科研人才;(3)上海市技术能手 第五层次优秀人才:(1)获省部级科学技术奖三等奖项目主要完成人;(2)获松江区科学技术二等奖奖项的主要完成人;(3)持有外国人来华工作许可证(A类)的人才	购房租房补贴、落户政策、培训经费补贴

---

[1] 张仁开.长三角区域创新共同体运行机制创新研究[J].创新科技,2020,20(9):60-67.
[2] 赵菁奇,孙靓,王泽强.基于长三角一体化的科技创新共同体建设研究[J].贵州省党校学报,2020(5):103-110.
[3] 张仁开.长三角区域创新共同体运行机制创新研究[J].创新科技,2020,20(9):60-67.

续表

城 市	引进人才	补贴政策与手段
杭州市	国内外顶尖人才:两院院士、中国社科院学部委员等人才 国家级领军人才:国家万人计划、千人计划、长江学者等杰出人才;各种国家级奖项获得者 省级领军人才:获得省级荣誉称号、中国企业500强的高级管理人才 市级人才:获得市级荣誉称号 高级人才:高级技工人才、优秀的经营管理人才、优秀博士毕业生	购房租房补贴、落户政策
合肥市	重点引进:国内外顶尖人才、产业紧缺人才、优秀企业家三大类 其中顶尖人才是指:(1)诺贝尔奖、图灵奖、菲尔兹奖、普利兹克奖等国际性重要科学技术奖获得者;(2)中国国家最高科学技术奖获得者;(3)中国工程院院士、中国科学院院士;(4)国家"千人计划"顶尖人才、国家"万人计划"杰出人才	购房租房补贴、落户政策
湖州市	杰出人才:中国科学院、工程院院士,国家"万人计划"杰出人才 国家级重点人才:国家"千人计划"专家、"万人计划"专家、"百千万人才工程"第一、二层次人才,国家有突出贡献中青年专家,国家杰出青年科学基金获得者,长江学者特聘教授,全国宣传文化系统"四个一批"人才,中国工艺美术大师,中华技能大奖获得者,省特级专家等国家级重点人才 省级重点人才:省"千人计划"专家、"万人计划"专家,省领军型创新创业团队负责人,省"151"人才工程第一、二层次人才,享受国务院特殊津贴人员,省有突出贡献中青年专家,"钱江学者"特聘教授,省宣传文化系统"五个一批"人才,省级工艺美术大师,省级"海外工程师"等省部级重点人才 市级重点人才:"南太湖精英计划"领军人才、"南太湖特支计划"领军人才,省"151"人才工程第三层次人才,市"1112人才工程"培养人选等市级重点人才	购房租房补贴、落户政策
苏州市	顶尖型人才(A类):包括诺贝尔奖获得者、国家最高科学技术奖获得者,中国科学院院士、中国工程院院士,发达国家权威学术机构会员(或称"院士"),以及其他经认定相当于上述层次的人才 领军型人才(B类):国家"千人计划"人才(青年项目除外)、"万人计划"人才(青年拔尖除外),"长江学者"特聘教授,国家杰出青年基金获得者,中国科学院"百人计划"入选者;省"双创人才"(含省"双创团队"领军人才),省"333工程"第一、二层次培养对象;姑苏人才计划资助的领军或相当于领军人才;其他经认定相当于上述层次的人才 拔尖型人才(C类):国家"千人计划"人才(青年项目)、"万人计划"人才(青年拔尖人才)、长江学者奖励计划(青年学者项目)、国家优秀青年科学基金获得者;新引进的年缴纳工资薪金个人所得税达10万元及以上的高管和技术骨干;其他经认定相当于上述层次的人才 骨干型人才(D类):高等院校、科研院所直聘的副教授(副研究员)及以上或相当职务者;留苏创新创业的博士后;省"333工程"第三层次培养对象;新引进的年缴纳工资薪金个人所得税5万元~10万元的高管和技术骨干;其他经认定相当于上述层次的人才 储备型人才(E类):全日制硕士及以上研究生;符合各地紧缺专业目录的全日制本科毕业生;符合各地紧缺工种目录和相关条件的高技能人才;中级职称及以上专技人才;自主创业并带动3人及以上就业的普通高校或职业院校毕业生;苏州本地普通高校或职业院校毕业生在苏就业创业的,视同为引进	购房租房补贴、落户政策

续表

城 市	引进人才	补贴政策与手段
芜湖市	领军人才:(1)中国科学院院士、中国工程院院士;(2)国家级重点学科、重点实验室、工程(技术)研究中心、工程实验室的首席科学家,国家最高科学技术奖、国家自然科学奖、国家技术发明奖、国家科学技术进步奖、国际科学技术合作奖、中国专利金奖主要完成人;(3)国家级有突出贡献的中青年专家,国内某一学科、技术领域的学术、技术带头人,享受国务院特殊津贴专家和国家"千人计划""万人计划"入选者等专家学者,国家中青年科技创新领军人才、科技创新创业人才;(4)携带拥有国际先进水平的发明专利或自主知识产权的创新成果在我市产业化,并能够填补国际国内空白的创业项目或团队带头人;(5)年薪200万元以上的人才 高端人才:(1)省部级有突出贡献的中青年专家,省级学术、技术带头人,享受省政府特殊津贴专家,省"百人计划"、省"特支计划"入选者等专家学者;(2)在国内外知名高校、科研院所从事重大项目、关键技术或新兴学科研究工作,以及在国内大型企业或曾在国外知名企业(机构)总部担任高级职务的专业技术或经营管理人才,承担国家和省科技计划(专项、基金)的主要完成人;(3)在攻克技术难关、推广应用先进技术等方面作出突出贡献,代表行业最高技术水平的中华技能大奖、全国技术能手获得者,国际技能竞赛获奖者及取得国家级技能竞赛二等奖及以上、省(部)级技能竞赛一等奖的高技能人才;(4)携带拥有国内先进水平的自主知识产权,具有市场潜力并在我市产业化的创业项目或团队负责人;(5)具有博士研究生学历、学位或正高级专业技术资格的人才(四县企业引进的急需紧缺的工程技术类人才,可放宽到硕士研究生学历、学位或副高级专业技术资格);(6)获得省级以上技能大师工作室领衔人、市级以上首席技师,以及教育部认定的在国外取得硕士研究生及以上学历、学位(有在国外从事本专业3年以上工作经历)或副高级以上专业技术资格的海外留学人才;(7)年薪50万元以上的人才	购房租房补贴、落户政策
宣城市	柔性引进市外如下六类高层次人才为我市经济社会发展提供智力支持: (1)中国科学院院士、中国工程院院士,享受国务院、省政府特殊津贴专家 (2)国家级或省级重点学科、重点实验室、企业技术研发中心学术技术带头人 (3)国家"千人计划""万人计划",省"百人计划"和创新创业人才"特殊支持计划"入选者 (4)具有博士研究生学历学位、副高以上专业技术资格人员 (5)拥有我市重点产业、新兴产业发展或传统产业提升改造的关键性技术、发明专利等自主知识产权的高层次人才 (6)其他急需的专业技术人才	购房租房补贴、落户政策
嘉兴市	顶尖人才:诺贝尔奖得主、两院院士、外国院士等 高端人才:国家"万人计划"、"千人计划"、长江学者等杰出人才;各种国家级奖项获得者 高级人才:高级技工人才、优秀的经营管理人才 基础人才:具有各种技能证书、大学毕业生等人才	购房租房补贴、落户政策

续表

城　市	引进人才	补贴政策与手段
金华市	国内外顶尖人才:两院院士、中国社科院学部委员等人才 国家级领军人才:国家"万人计划"、"千人计划"、长江学者等杰出人才;各种国家级奖项获得者 省级领军人才:获得省级荣誉称号、中国企业500强的高级管理人才 高级人才:高级技工人才、优秀的经营管理人才 其他人才:具有各种技能证书、大学毕业生等人才	购房租房补贴、 落户政策

六是跨区域利益共享机制尚未建立,降低了上海科创中心建设与长三角科创一体化协同发展的可行性。

受现行税收和政绩考核制度的影响,地方政府难以突破各自为政的限制,如果没有合理的利益共享机制,就很难鼓励本地创新资源向其他地区转移。目前在长三角合作体系达成的协议中,多重视事前合作,事后的利益分配较少涉及。虽然《长江三角洲区域一体化发展规划纲要》中明确指出长三角应建立"包括政府间财税分享协商机制在内的政策制定协同机制,以及区域互利共赢的税收利益分享机制和征管协调机制",但由于财税分享机制创新面临不少现实难题,目前长三角区域尚未确定地区间应如何分享包括税收收入在内的财税利益。一些科技创新合作项目投入大、耗时长、范围广,若科技创新成果带来收益时没有合理的利益分配机制支撑,则后期合作将很难持续。因此,利益分享机制的不明晰使已有合作多数停留在战略层面。以科技园区共建为例,发展动力来自合作双方利益共享,而目前大部分共建园区发展缓慢,最大障碍就是利益共享机制存在空白。[①] 现行共建园区多为跨区域共建,不在一个行政区划范围内,造成GDP统计、税收上缴等方面问题相继产生。

五、代表性科创中心建设与区域经济协同发展的财政体制和政策经验及启示

目前世界上著名的科技创新中心有美国旧金山湾区的硅谷、日本东京湾区的京滨工业带等,国内则主要是粤港澳大湾区的广深科技走廊、京津冀的科技走廊、长三角的G60科创走廊。上海科创中心建设与长三角科创一体化需要立足国家战略和地区实际,充分借鉴全球科技创新中心的建设经验,把握发展趋势和发展规律。以下简要梳理分析美国硅谷和以色列特拉维夫相关的财税政策,比较研究后提炼可借鉴经验,为进一步促进上海科创中心建设与长三角科创一体化协同发展提供经验及启示。

---

① 王晓娟. 上海参与和服务长江经济带建设研究[J]. 上海经济, 2016(1):57—71.

(一)硅谷模式

1. 财政体制

(1)授予区域适度税收立法权。国家层面,美国政府在现有分税制的体系下,赋予州政府与地方政府一定的税收立法权,根据地方不同的情况调整税收,以此实现全国基本公共服务均等化。与此同时,美国是地方自治体系,地方政府特征包括:没有上下层级划分;秉持市场原则;没有权限制定超前的产业政策。

(2)区域公共服务均等化。在财税体制上,美国实行分税制,在基本公共服务均等化上呈现不同特征。例如,美国的公共支出责任主要由联邦政府承担,并且州和地方政府在税收上有很大的自主权,为基本公共服务支出提供了可靠保障。美国政府分为联邦、州和地方三个层次,三级政府共同承担公共事务职责和财政支出责任,并实行"分别立法、分别征管、互不干扰、财源共享"的税收管理体制。与我国分税制最明显的区别在于,美国联邦政府与州政府不仅共同享有税收征管权,还共享税收立法权,并且地方政府(州以下的县、镇或学区、专区等)依所在州的授权也拥有一定税收立法权,因此美国既有全国统一的联邦税收制度,也存差异化的州和地方税收制度。[1]

(3)加大科技和教育方面的财政投入。"科学技术创新的竞争首先是人才的竞争。"为此,美国加利福尼亚州政府实施了优质的移民政策和构建极具包容的城市、社会氛围,因而持续吸引大量移民。在此基础上,政府大力投资于教育和科技方面。

与此同时,美国企业十分重视吸引全世界的科研人力资源,采取优惠政策、允许试错、以优厚待遇和良好研究环境引来大批科学家落户。[2] 开放包容的文化和市场环境营造了旧金山湾区的创新生态。

旧金山湾区科技领先的最大特点是拥有世界级的高等学府,如加利福尼亚大学伯克利分校、斯坦福大学、旧金山加州大学等,这样就不断有最新的人才输出。湾区内的一些大公司如英特尔、惠普的高级管理人员几乎都来自世界顶级高校,此为其一。其二是必须有许多起中介作用的研究所,即可以把知识进行转化的一类实体。其三是要有一大批中小企业的参与。中小企业是经济发展的原动力,当今美国新经济的象征如微软、IBM等当初也都是从中小风险企业发展而来的。

2. 财税政策

旧金山湾区被视作是世界技术创新的中心,高技术产业为湾区的经济增长做出了巨大贡献,位于旧金山圣何塞的硅谷,区人口不到全国的1%,却创造了美国GDP的5%,而且集中了美国40%的风险投资。[3] 在旧金山湾区的发展过程中,除极大地保证了市场的

---

[1] 刘敏. 中美政府基本公共服务均等化的比较研究[D]. 北京交通大学,2016.
[2] 樊明捷. 旧金山湾区的发展启示[J]. 城乡建设,2019(4):74—76.
[3] 张锐. 湾区经济的全球俯瞰与纵览[J]. 现代商业银行,2017(8):40—44.

自由竞争之外,政府在城市规划、功能定位、产业选择等方面同样发挥着非常重要的引导作用,特别是湾区郊区化与硅谷的崛起,政府决策对城市的转型具有很强的指导性,其中政府的财政政策起到了重要的作用。旧金山湾区发展中的财税政策具体表现为以下三个方面:

(1)政府购买科研成果。政府实施一套完整的市场化机制来确保从科研成果到市场化的顺利转换,如政府直接购买科研成果的计划。中小型科创公司所做的是从闻名世界的"发明"中挖掘出未来可能成为产品的"发明",并真正地让这些"发明"从实验室中走出来进入生活,即为"研发"。来自全球的新知识、新发明和新技术在本地产业化,融科学、技术、生产为一体,实现"产品开发",通过挖掘一项发明来对社会产生颠覆性的影响,是硅谷成为"创新工场"的撒手锏。

(2)政府为科学研究以及高校和科研机构引进人才提供资金支持。旧金山湾区的发展得益于湾区政府对高校和实验室的财政投入,为技术创新提供了大量人才。旧金山湾区为高新技术的创新提供了强大的人才孵化器,政府的财政经费会更多地向斯坦福大学、加利福尼亚大学伯克利分校等20多所知名学府以及航天、能源研究中心等高端技术研发机构倾斜。在基础设施方面,政府出台了《旧金山湾区规划2040》和"旧金山湾区快速交通系统(BART)"的规划,通过对基础设施的大量财政投入支持区域交通住房的建设,吸引大量人才流入。①

(3)建立中央市场低税区。2011年,随着推特(Twitter)的迅速扩张,Twitter宣布将离开旧金山市区搬往没有工资税的邻市郊区,市政府感到了威胁。于是旧金山市政府在无法发展的城市中央地区,即市政厅、中央图书馆和相关政府建筑之间的一些适合科技企业发展的旧仓库设置了中央市场低税区,搬到这片区域办公的企业将享受更低的营业税税率,这一举措促进了科技企业在当地的蓬勃发展。

(二)以色列特拉维夫

以色列特拉维夫被称为"世界第二硅谷",拥有除硅谷外全球最集中的高科技企业群,也是全球初创企业密集度较高的城市之一。目前在该市已集聚了240多家跨国公司研发中心,其中IT和软件行业占30%。此外,特拉维夫还致力于吸引外资,旨在为创业提供融资机遇,以色列80%的国际银行、风险投资以及数目众多的国际律师事务所都位于特拉维夫。② 以色列特拉维夫的主要特点是本土初创企业与跨国公司共同推动科技创新,以色列政府为特拉维夫提供了以下几个主要政策支持:

---

① 中国政策研究网数据库. 长三角一体化财税政策的国际经验与借鉴[EB/OL]. [2021-9-14]. http://zgzcinfo.cn/database/show-12033.html.
② 《中国经济周刊》采制中心. 全球经典的科创中心模式[J]. 中国经济周刊,2015(21):39.

1. 政府大力培养初创中小科技创新企业

从 20 世纪 90 年代开始,特拉维夫市政府就将其目标定位于以创新为主的国际商业中心,并陆续出台许多举措,包括为创业公司提供由政府补贴的公共办公空间、建立网络信息平台、促进创业者交流与合作、为软件研发企业提供优惠税率等。[①]

2. 积极吸引知名跨国企业和国外资本

特拉维夫市政府鼓励全球领先企业在该市成立核心研发团队,目前该市已集聚了240 多家跨国公司研发中心,其中 IT 和软件行业占 30%,英特尔、IBM、微软、惠普、雅虎、谷歌、苹果、思科等一大批顶尖高科技企业都在该市设有研发中心或办公室。

(三) 经验启示

1. 平衡各级行政部门的事权与支出责任

美国既有统一的联邦税收制度,也存在差异化的地方税收制度,为地方政府的基本公共服务支出提供了可靠保障,有利于实现公共服务均等化。对于长三角各级行政部门而言,需要合理划分事权与支出责任,有利于调动各级政府的积极性,提高基本公共服务的保障能力。

2. 为企业科技创新提供全方位、多层次的财政支持政策

无论是美国加利福尼亚州政府还是以色列,均注重对大型企业的扶持,也注重对初创中小科技创新企业的培养。通过实施税收优惠、设立研发基金、提供政府补贴、政府采购等多种形式,为企业技术创新提供多层次的财政支持,能够大大激发企业创新活力。

3. 以财政政策为引导,集聚高端创新要素

通过设立产业基金、人才补助等方式可以吸引并集聚一大批高端创新要素,进而满足企业对资金和创新人才的需求,提高企业创新能力。对于长三角而言,在发挥财政政策引导作用的同时,也需要注意地区间的财政政策协同,避免区域内要素竞争带来的配置效率损失的问题。

4. 加强产学研合作,促进科技成果转化

产学研合作是促进科技进步与创新、加快科技成果转化、提升企业自主创新能力的有效途径。长三角科研资源丰富,可以通过搭建产学研合作平台、完善知识产权服务、财政政策引导等手段,优化配置、综合集成和高效利用产学研各方的科技资源,推动创新要素向企业集聚,最终将科技资源优势转化为企业竞争优势,提升企业自主创新能力和核心竞争力,实现跨越发展。[②]

[①] 上海市人民政府发展研究中心课题组,肖林,周国平,等. 上海建设具有全球影响力科技创新中心战略研究[J]. 科学发展,2015(4):63—81.

[②] 太原市科技局社会发展与科技合作处. 产学研共同发力 促进科技成果转化——《关于加强产学研合作促进科技成果转化的意见》解读[J]. 科技创新与生产力,2011(4):56—57.

5. 积极营造开放包容创新的社会环境

当前技术创新进入密集活跃期,新兴颠覆性技术正在加速向传统领域交融渗透、持续扩张,新型数字化创新平台不断涌现,创新生态日益多元化和国际化。这一创新趋势对创新文化的培育和创新环境的营造也提出了新的挑战与需求。长三角可以将数字基建平台建设作为抓手,以完善各类服务为导向,营造开放包容创新的社会环境,加快推动传统业态向新业态的转变。

六、上海引领长三角科创一体化发展的财政政策改革思路及政策建议

(一)明确上海科创中心建设与长三角科创一体化协同发展的改革思路

为了进一步发挥上海科创中心建设的抓手作用,必须要全面推进区域协同机制改革;明确长三角共建上海科创中心的指导思想,实施共建科创、共建产业战略,纠正长三角唯有上海能做科技创新,其他省市只能做产业化的错误理念。在上海科创中心建设与长三角科创一体化协同发展的财政体制与政策设计中,要建立市场机制以引导利益分享,将科创的增量效应和分享的增量收益目标相结合,减少一体化阻力以顺利推动协同发展。为此,需要大力推进财政体制和财税政策领域改革,从顶层设计的角度整合各方力量,合力实现上海科创中心建设与长三角科创一体化协同发展。

首先,政府部门的功能协同。从国家层面上进行统一协调和推进,在财税政策和财税体制方面,全面统筹规划长三角区域科技发展规划、政策配套服务和合作中碰到的一些重大关键性问题。由科技部和上海牵头,会同三省建立"长三角科技创新合作财税政策联席会议制度",从省部级层面协调上海科创中心与长三角科技创新区域合作的关系。在省市级层面则可参考长三角区域合作已形成的"三级运作,统分结合"的协调模式。

其次,财税政策的规划实施协同。基于国家和各省市科技规划及科技政策,率先在鼓励创新的财税政策方面上实现区域协同,如长三角区域科技合作的跨省市项目管理的相关办法、长三角区域内科技资源相互开放与共享的相关管理办法、推动跨区域的产学研合作管理办法、区域内科技协同创新的中长期发展规划和行动方案等。

最后,以知识产权保护为代表的制度协同。联合加强知识产权保护,建立长三角知识产权保护财税协作网络,建立政府间知识产权保护的约定例会制度,完善区域内保护知识产权的执法协作关系,设立长三角区域知识产权保护案例处理中心。①

(二)上海科创中心建设与长三角科创一体化协同发展的政策建议

课题组认为上海科创中心建设与长三角科创一体化协同发展在财税政策和财政体制

---

① 孙长青. 长江三角洲制药产业集群协同创新研究[D]. 华东师范大学,2009.

方面的重点举措包括：

一是着力推动跨区域政府体制改革创新，破除协同发展障碍。建议在中央牵头的"长三角一体化发展领导小组"之下，延伸形成区域主要决策部门、执行部门的管理体制和运行机制。按照"中央＋省、直辖市＋地级市＋区、县"的四级架构，执行层面勾连或影响到区、县一级，形成自上而下的决策影响力。一方面，加快转变政府职能。推动经济型政府向公共服务型政府转变，让政府真正承担宏观调控、公共服务、社会治理的职能，消除政府的"圈地"理念。另一方面，改革地方政府考核体系。建议创建一种由邻近政府也参加的跨界考核机制，以跨界合作项目的数量和质量为依据，实行跨地区联合考核，真正让每个城市政府在追求自身辖区利益的同时，做到"利己不损人"。

二是提升长三角区域合作办公室的行政层级，建立事权与支出责任相匹配的财政体制。首先，提升长三角区域合作办公室的行政层级，作为中央政府的省部级直属机构，主要负责长三角协同创新的统筹协调和指导支持，研究重大体制机制创新、政策先行先试等问题。通过顶层设计可以逐步取消长三角区域城市政绩考核的标准，以区域总体发展水平的提高为发展绩效标准。在此基础上，长三角区域合作办公室能够有效协调区域间事权，强化区域内政策的协调性。其次，在建立事权与支出责任相适应的财政体制方面，要落实好中央政府对于长三角科创一体化建设的财政预算资金，从而减轻区域内各省市的财政负担。近阶段，如果中央财政暂时无法落实相关经费，则可以由各省财政设立专项资金，对长三角科创一体化建设进行一定的财政经费补助，并明确一个补助逐年减少、逐步退出的过渡期机制，从而使这一领域的支出责任全部落于中央财政。最后，长三角区域内科技与产业发展离不开统一开放、有序竞争、公开、公平和公正的市场体系。要充分发挥财税体制作用，重点是要围绕市场体系的建设，去构建一套科学合理的市场竞争规则，实行一套统一非歧视的市场准则、市场准入原则、公平贸易原则，去消除阻碍长三角区域内资金、人才、技术、资产、人口和产品流动的制度性障碍，从而推动长三角区域从受行政区划束缚的经济发展模式向开放型经济发展模式转变。

三是着力发挥财税政策在人才集聚、政府采购和基础设施投资领域的优化配置作用，推动区域内部高端产业错位发展。首先，可以在上海建立以"国家科技创新综合试验示范区"为代表的科技创新协同试点，积极向中央争取财税政策支持，先行先试进而探索发展思路，形成经验后再在长三角推广复制。其次，上海作为长三角城市群的领头羊，可联合相关部委与三省一市，在区域范围内统筹人才引进政策。从总体出发、从实际出发，结合人才需求、梯队建设等客观因素，具体为：制定个性化人才政策；深入评估人才政策细则的有效性；统筹三省一市资源，强化基础设施建设，避免财政政策各自为政，导致基础设施效用不能有效发挥；加强统筹，各城市通力协作，引导产业健康发展，在城市群形成优势互补、协作共赢的新局面。最后，构建长三角科技创新载体之间的协同财税机制。长三角区域应积极发挥高新技术园区作为科技创新载体的重要作用，加强区域内高科技园区的协调和互动；引导大企业、大项目在园区建设中的示范和带动作用，形成围绕大企业和大项目的产业链和创新链，壮大和提升科技产业园区的经济实力。通过财政政策推动园区发展中的专业化和核心竞争力的培养，要依托地区比较优势，围绕科技园区核心竞争力的打造，加快培育区内的支柱产业和主导企业，在注重园区综合服务功能的同时，形成园区的自身发展特色，在长三角形成园区间功能互补、产业互惠、企业互通的"良性竞争、百花齐放"的园区发展新格局，真正形成"一区多园、一园多基地"的长三角园区互动合作新路子。

四是加强统筹协调财税扶持政策，建立以增量收益为基础的利益分享机制。首先，由长三角区域合作办公室牵头召集长三角各省市管理部门，研讨各地区优势产业、目标产业等，形成互补互促、因地制宜的产业扶持政策。在各省市内部，由财政、商务部门牵头对产业政策进行梳理，避免重复叠加造成财政资金浪费，在直接货币形式补助基础上提高要素或服务补助比例。其次，长三角各省市共同出资建立科创基金，用于"国家科技创新综合试验示范区"内战略性新兴产业的建设和发展（研发和产业化），出资比例可以由长三角区域合作办公室协调（可以按照等比例出资）。建设期的前3—5年将产生的增量地方税收全部留给示范区，中央和参与合作的各省市不参与税收收益分享，主要用于跨区域的重大基础设施和公共服务项目的建设，3—5年后产生的增量地方税收按照各地区出资比例分享。最后，对于长三角企业迁移产生的税收分享事宜，可以按照迁出企业完成工商和税务登记变更并达产后再分成，前3年内企业缴纳的税收按迁出区与迁入区7:3或5:5分成，后3年企业缴纳的税收按迁出区与迁入区3:7或5:5比例分成，以收益共享杠杆促进产业有序迁移。

五是整合碎片化的管理制度和分散化的扶持政策，提高创新链和产业链支持政策的精细化程度。由长三角科创中心管理部门负责协调，组织专家和相关部门系统梳理评估各行业的创新产业管理制度和扶持政策，建立一套有效的创新资源整合机制，真正形成比较成熟的官产学研合作机制。同时，对于财政资金的使用全程跟踪，从注重事前转变为全程追踪，真正实现创新服务的全覆盖，这对于创新成果顺利产出并转化具有积极影响，有助于打通创新对产业支撑的"最后一公里"。

六是加强以G60科创走廊和G42高端智能制造业走廊为代表的竞争性政策在高端产业协同发展中的重要作用，并将其成功经验在区域内复制推广。长三角G60科创走廊成为科创驱动"中国制造"迈向"中国智造"的示范走廊，有利于长三角区域高端产业的协同发展。G42高端智能制造业走廊以科技创新为驱动力，重点打造集高端制造业和智能制造业为主的产业集群，旨在推动长三角城市群由快速发展向高质量发展转变，真正实现国家提出的"高质量发展"的宏伟战略目标。G60科创走廊和G42高端智能制造业走廊是长三角区域一体化的重要平台，也是长三角一体化相关政策先行先试、协调政策落地的重要载体。创造性地利用长三角G60科创走廊和G42高端智能制造业走廊先行先试效应，高质量打造以高端制造业为根基的高端走廊作为长三角一体化发展的重要引擎，能够在更好服务国家战略中展现新作为、新担当。加大 G60 科创走廊和 G42 高端智能制造业走廊的财政扶持力度,尤其是在研发、人才、公共服务平台等领域,建立知识产权等特色园区,将其打造成为跨地区的高端产业集群发展带。在成熟时候可以将 G60 科创走廊和 G42 高端智能制造业走廊发展经验进行推广复制,进而形成一批各有特色、错位发展的高端走廊。

七是由上海牵头协调长三角区域政策,重点推动以完善服务为导向的数字基建平台建设。具体可以从以下几个方面着手:

首先,建立横跨三省一市的数字基础设施建设一体化领导小组。数字基础设施一体化建设横跨"三省一市",是一项系统性工程,上海市可以争取国家相关部委支持并牵头三省,研究系统化解决方案和评估体系,明确各地各部门数字基础设施建设的责任,调动各地各级政府的参与积极性。

其次,从利益均衡角度健全数字基建一体化的协同合作机制。(1)在长三角数字基建一体化领导小组基础上,健全各方常态化沟通协调机制,从全域角度统筹新基建重大项目。(2)推动数字基础标准地区互认,建立长三角区域标准化联合组织和一体化新基建标准体系,统一区域内各类基础设施的网络标准和技术接口。[①](3)建立重大新基建建设的成本分担和利益共享机制,对区域投资、税收等利益问题建立协商机制。(4)注重已有数字基础设施与新建数字一体化平台的关系,发挥已有平台的辐射效应,避免重复建设和过度建设的问题。

再次,融合社会资本推动数字基础平台一体化建设。数字基建一体化的最终服务对象是市场,而最了解市场需求的就是市场本身,引入社会资本推动长三角数字基建平台一体化建设不仅可以缓解资本压力,而且能够推动平台更好地切合应用场景。(1)积极吸引民间资本参与新基建发展,发挥 PPP 等混合所有制经济模式优势,拓宽融资来源。(2)充分调动互联网平台企业、上市公司以及民营龙头企业的积极性,发挥这些企业的专业能力、创新能力和适应市场变化的能力。[②](3)鼓励运营商加强与下游垂直应用领域创新型企业的合作和协调,引导用户向 5G 网络迁移,促进新业态、新产业、新服务发展。(4)基于公共数据开放和众创平台建设,优化长三角区域创新生态,以人工智能、工业互联网等为重点,为中小企业提供更多的创业服务平台。

最后,以完善服务为导向推动数字基建平台功能完善。(1)协同三省一市科技创新力量,针对制约区域发展的共性技术加大投入,合力破解关键性难题,强化知识产权等综合服务平台建设。(2)全面梳理产业转型升级需求清单,聚焦创新链、产业链、供应链,提升

---

① 陈建华. 新基建助力长三角高质量一体化发展[N]. 安徽日报,2020 - 08 - 25(7).
② 盛一,徐梦周. 奋力建设新基建投资标杆省份[EB/OL]. [2021 - 9 - 14]. http://www.jrzj.cn/art/2020/9/9/art_11_8047.html.

区域经济核心竞争力。(3)数字基建要为传统行业赋能,拉动新材料、新器件、新工艺和新技术的发展。(4)数字基建平台与产业集群线上线下融合互动,加强特色园区或"飞地"建设,形成线下对线上的有效支撑。

八是打造长三角知识产权交易市场,充分发挥上海科创中心的溢出效应。利用上海全球城市地位,建立国际化知识产权沟通交易平台,便利专利供给方和需求方通过洽谈共同决定科技成果的价格以促进知识产权交易。目前长三角范围内上海的知识产权交易市场最为完善,三省一市可以此为基础共建知识产权交易市场,后续建设经费由各省市按照财政状况按比例均摊。上海可依托知识产权交易市场平台,以建设共享机制为核心,整合高等院校、科研院所、各类科技企业、技术经纪人、资产评估机构、担保公司和会计、律师、咨询、专利等商务服务机构,整合资源、集成服务,形成涵盖全市、支撑科技创业的技术服务体系。

七、研究结论

在全球化、信息化、网络化深入发展的背景下,上海科创中心建设与长三角科创一体化协同发展是我国区域发展的重要战略支点,也是我国实施创新驱动发展战略的一个关键。为此,课题组厘定了上海科创中心建设与长三角科创一体化协同发展的内涵,在肯定已有成绩的基础上,从财税政策和财政体制上分析目前仍存在的瓶颈制约。同时在借鉴国际知名科创中心建设经验的基础上,课题组提出了关于上海科创中心建设与长三角科创一体化协同发展的改革思路和政策建议。

上海建设具有全球影响力的科创中心是引领长三角区域科技创新一体化、推动科学技术与产业经济发展的重要抓手,有利于推动长三角高端产业优化布局。而长三角区域科技创新一体化也是上海建设具有全球影响力的科技创新中心战略的重要依托。2018年6月以来,长三角深入实施《长江三角洲区域一体化发展规划纲要》和《长三角地区一体化发展三年行动计划(2018—2020年)》,在区域间发展规划协调、产业一体化布局、区域内要素流动、区域间产融结合、上海辐射带动等方面取得了显著成效,初步确立了区域制度规划协同和发展战略协同的工作机制,形成了区域产业一体化布局的先发优势,营造了区域要素自由流动的市场环境,区域产融结合优势初步显现,上海辐射带动作用充分显现。

然而,目前在上海科创中心建设与长三角科创一体化协同发展的过程中,财政体制与财政政策设计上仍存在一定程度的瓶颈制约,难以为长三角一体化发展战略的成功提供支持。具体存在的问题如下:财政体制协调事权乏力导致长三角科创一体化偏离改革初始目标;区域内财力与支出责任不匹配;高端产业扶持政策相互掣肘导致创新链与产业链脱节;扶持政策存在碎片化;缺乏针对性和精细化;跨区域协调机制缺位阻碍了创新要素流动和资源共享;跨区域利益共享机制尚未建立。

在总结代表性科创中心建设与区域协同发展经验的基础上,课题组提出了上海科创中心建设与长三角科创一体化协同发展的改革思路和政策建议。在改革思路上,明确长三角区域共建上海科创中心的指导思想,实施共建科创、共建产业战略,纠正长三角唯有上海能做科技创新,其他省市只能做产业化的错误理念;建立市场机制以引导利益分享,将科创的增量效应与分享的增量收益目标相结合,减少一体化阻力以顺利推动协同发展。最后,课题组在借鉴国内外发展经验的基础上,提出了切实可行的改革措施,对于推动上海科创中心建设与长三角科创一体化协同发展具有重要的现实意义。其中包括:着力推动跨区域政府体制改革创新以破除协同发展障碍;建立事权与支出责任相匹配的财政体制;着力发挥财税政策在人才集聚、政府采购和基础设施投资领域的优化配置作用;建立以增量收益为基础的利益分享机制;整合碎片化的管理制度和分散化的扶持政策以提高创新链和产业链支持政策的精细化程度;复制推广以G60科创走廊和G42高端智能制造业走廊为代表的竞争性政策;推动以完善服务为导向的数字基建平台建设;打造长三角知识产权交易市场。

参考文献

[1]包海波,潘家栋.以 G60 科创走廊促长三角一体化[N].浙江日报,2019-03-07(9).

[2]陈建华.新基建助力长三角高质量一体化发展[N].安徽日报,2020-08-25(7).

[3]中国政策研究网数据库.长三角一体化财税政策的国际经验与借鉴[EB/OL].[2021-9-14]. http://zgzcinfo.cn/database/show-12033.html.

[4]太原市科技局社会发展与科技合作处.产学研共同发力 促进科技成果转化——《关于加强产学研合作促进科技成果转化的意见》解读[J].科技创新与生产力,2011(4):56-57.

[5]戴杨,俞灵琦.科技资源共享,"解锁"长三角[J].华东科技,2019(1):26-27.

[6]戴丽昕.长三角大型科学仪器设施资源共享[N].上海科技报,2019-05-01(1).

[7]樊明捷.旧金山湾区的发展启示[J].城乡建设,2019(4):74-76.

[8]国家统计局.中国统计年鉴[M].北京:中国统计出版社,2019.

[9]洪银兴,王振,曾刚,等.长三角一体化新趋势[J].上海经济,2018(3):122-148.

[10]李万,周小玲,胡曙虹,等.世界级科技创新城市群:长三角一体化与上海科创中心的共同抉择[J].智库理论与实践,2018,3(4):94-100.

[11]李翠.科技进步对上海市经济增长作用的测算研究[D].上海海事大学,2004.

[12]刘敏.中美政府基本公共服务均等化的比较研究[D].北京交通大学,2016.

[13]缪琦.两会释放长三角一体化信号 对接融合正在加速[N].第一财经日报,2018-03-09(A01).

[14]《中国经济周刊》采制中心.全球经典的科创中心模式[J].中国经济周刊,2015(21):39.

[15]沈开艳,陈建华,邓立丽.长三角区域协同创新、提升科创能力研究[J].中国发展,2015,15(4):64—72.

[16]上海市人民政府发展研究中心课题组,肖林,周国平,等.上海建设具有全球影响力科技创新中心战略研究[J].科学发展,2015(4):63—81.

[17]孙长青.长江三角洲制药产业集群协同创新研究[D].华东师范大学,2009.

[18]盛一,徐梦周.奋力建设新基建投资标杆省份[EB/OL].[2021-09-14].http://www.jrzj.cn/art/2020/9/9/art_11_8047.html.

[19]唐玮婕.为科创板源源不断输送优质上市资源[N].文汇报,2019-08-01(5).

[20]王辰阳.长三角交通一体化看得见摸得着[N].经济参考报,2020-07-02(4).

[21]王德润,董文君.构建长三角区域创新共同体的对策思路[J].安徽科技,2018(8):5—7.

[22]王晓娟.上海参与和服务长江经济带建设研究[J].上海经济,2016(1):57—71.

[23]吴丽蓉."一极三区一高地"明确长三角一体化发展路径[N].工人日报,2019-12-07(1).

[24]习近平.跨越时空的友谊 面向未来的伙伴——习近平在葡萄牙媒体发表署名文章[J].中华人民共和国国务院公报,2018(35):9—11.

[25]郁鸿胜.长三角区域一体化的基础是建立上海都市圈协调发展[J].上海企业,2019(8):40—41.

[26]郁鸿胜.推进长三角城市群区域创新中心建设研究[J].上海城市管理,2019,28(5):41—44.

[27]郁鸿胜.上海建设长三角城市群科创中心的若干探讨[J].上海城市规划,2019(2):5—10.

[28]朱凌君.平台共享,科技资源"牵手"壁垒正在打破[N].解放日报,2019-09-04(13).

[29]朱瑞博.上海"高技术不高"的现状及根源分析[J].科学发展,2011(3):63—71.

[30]张锐.湾区经济的全球俯瞰与纵览[J].现代商业银行,2017(8):40—44.

[31]张仁开.长三角区域创新共同体运行机制创新研究[J].创新科技,2020,20(9):60—67.

[32]赵菁奇,孙靓,王泽强.基于长三角一体化的科技创新共同体建设研究[J].贵州省党校学报,2020(5):103—110.

科创板试点注册制运行情况与实施效果评估研究

◎ 史俊明[①]　朱　松[②]

摘要： 2020年7月22日，科创板正式开市交易满一周年。这一时期，科创板的战略功能实现情况即发行上市、市场交易机制的运行效果已初见端倪，本课题将基于现有的科创板相关制度及科创板的发行交易数据，对科创板运行的效果进行评估，总结经验做法，并为科创板的长远健康发展及注册制的后续推广建言献策。

一、科创板试点注册制的战略功能与目标定位

自2019年7月22日正式开市交易起，截至2020年底，科创板已平稳运行一载有余，上市公司达215家，总市值突破3.35万亿元。在中国证监会、上海市政府、上海证券交易所的齐心努力下，科创板的有序推进充分展现出鲜明的时代特征——高效率。科创板运行情况如图3-1所示。

资料来源：根据证监会官网、上交所官网、Wind、申万宏源研究相关内容整理。

图3-1　科创板运行大事记

---

① 史俊明，大成律师事务所高级合伙人，经济法学博士后。
② 朱松，华东师范大学经济与管理学部教授，博士生导师。

对于科创板试点注册制的功能进行解读,首先应当从整体上理解科创板所发挥的制度效果、拟解决的现实问题、所承载的历史使命。对于科创板相关制度的分析,需要纳入我国资本市场的整体结构、金融制度的体系框架以及市场经济的宏观背景当中加以分析。就当下我国的证券法治发展而言,科创板的推出本身是一场伟大的制度改革试验,其体现的理念、遵循的逻辑、推进的路径与既往资本市场相关制度具有非常显著的区别。我们认为主要有以下几点:

(一)整体目标:推动证券监管理念转型

证券监管所要处理的核心问题是证券市场体系下的权利确认和权力限定。权利确认包括对证券市场参与主体的权利加以承认和表达,比如商事主体发行证券融资的权利、投资者在证券市场进行投资的权利。证券监管存在的目的就在于确认这些权利并建构完善的保障机制。同时,证券监管应对行政权力在证券市场的运用加以限定,明确监管权力的权限范围、行使方式、运用主体等要素。对于证券权利的确认程度和保护方式、行政权力的限定范围和限定方式,不同国家和地区的证券监管模式可能存在差异,因为各自所秉持的证券监管理念有所不同。就其基本特征而言,可以进一步区分为"行政化证券监管理念"和"市场化证券监管理念"。

自我国资本市场创立以来,我国证券监管所奉行的理念总体上还是以"行政化"为主,行政权力在证券市场发展过程中(特别是证券发行领域)始终有至关重要的影响,证券市场主体的权利并没有得到非常充分的确认和保障。政府机关试图通过行政化的管控手段(特别是证券发行领域的核准审批机制)保障"新兴+转轨"的证券市场的有序运行。从我国证券市场发展的经济社会背景来看,遵循"行政化证券监管理念"进行证券市场体系建设虽然有其历史合理性,但也导致我国资本市场发展面临一系列的难题,例如证券市场领域公权力和私权利的场域界限不能区分、行政权力侵害证券市场主体的自治空间和私权权利、监管权力的运用缺乏有效的制约。有学者曾明确指出:"一些原本属于市场的权利并未得到落实,仍然保留在证券监管机构的监管权限范围之内。证监会的监管权力在不少方面已越界涉入了市场权利的领域。"在市场经济深化发展的大背景下,依据这种理念建构而来的证券权利保障机制和证券权力约束制度已经不能适应客观实践的需要。

科创板的推出致力于推动"行政化证券监管理念"逐步向"市场化证券监管理念"转型,进而促进证券制度体系的市场化调整。科创板的相关制度设计对于市场主体的融资权利给予了充分的尊重,一方面把对"好企业"和"好证券"的选择权交给市场,在证券发行和证券交易领域充分采纳了市场化的机制,强调对于证券投资者权利加以有效的保障;另一方面,对于监管机关的行政权力加以合理的限制,尽量消除其对证券发行的实质审核干预,突出了市场机制对于资源分配的决定性作用,强调建立更加适应证券市场内在运行规律的监管制度体系。这些改革举措凸显了"市场化证券监管理念"的基本定位和功能目标。

(二)战略功能:拓宽融资渠道,支持科创企业发展

与欧美发达国家相比,我国资本市场结构和层次相对简单,间接融资与直接融资发展不平衡,金融机构服务和市场主体需求亦不平衡。从融资结构上看(见图3-2、图3-3),国内仍以间接融资为主,直接融资占比较低且发展不充分。初步统计,2020年末社会融资规模存量为284.83万亿元,2020年末对实体经济发放的人民币贷款余额占同期社会融资规模存量的60.2%。发展结构的不均衡直接导致当前企业融资门槛和成本居高不下,中小微企业普遍存在融资难、融资贵的问题。资金传导不顺畅降低了实体经济部门的效率,同时降低了实体企业的抗风险能力,在经济缓慢下行和更艰巨的外部环境下,触发各类金融风险的可能性上升。

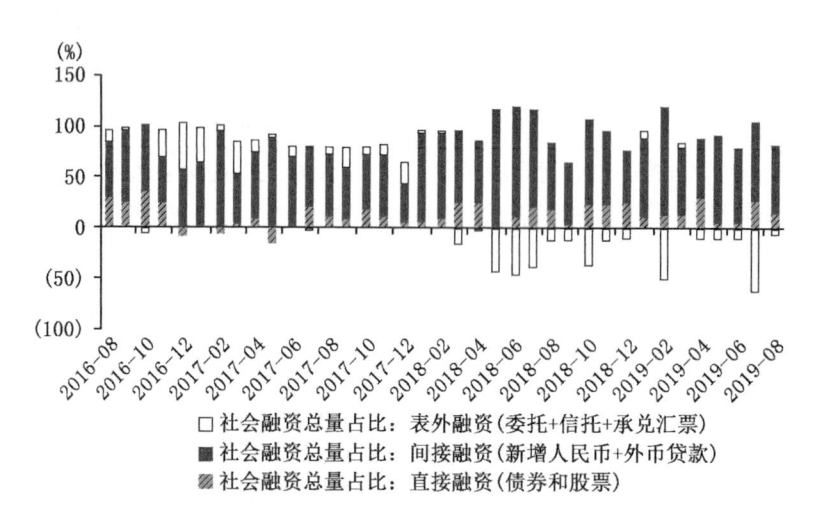

资料来源:中海基金新股发行制度研究报告。

图3-2　2016—2019年社会融资结构

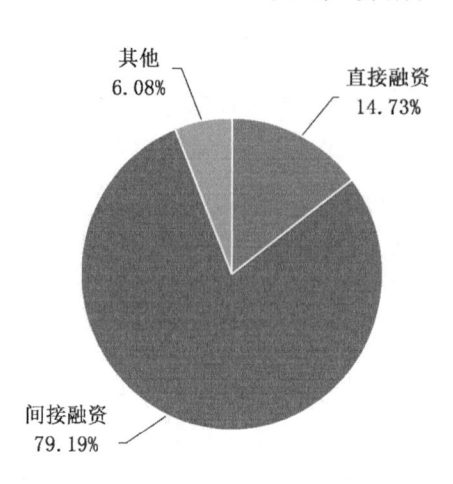

资料来源:中海基金新股发行制度研究报告。

图3-3　2019年8月社会融资结构

科创板的推出进一步完善了资本市场体系,为符合国家战略的重点领域提供了融资支持。现阶段以主板、中小板以及创业板为核心的多层次资本市场尚不足以支持一些以投入大、风险高、业绩不稳定为特点的处于产业生命初创期企业的融资需求,因而深化资本市场改革、完善资本市场体系是满足经济高质量发展过程中科技型企业融资需求不可或缺的一步。

(三)实现途径:优化资本市场结构

经过40年改革开放,我国市场经济持续深化发展,市场主体的多元结构已经形成。然而遗憾的是,当下的资本市场和金融制度依然存在结构性缺陷,不能为不同类型、不同规模、不同阶段的企业提供及时而充分的融资,尤其是在新经济发展背景下科技创新企业未能建构合理有效的融资制度体系。我国资本市场尤其是场内(交易所)市场的构成过于刚性,缺乏适合科技创新型企业融资的板块与平台,即有的公开发行股份融资条件过于严格、标准较为单一,一些尚未盈利但需要大量资金助推发展的优质科技创新企业不能公开发行股份融资。这些制度层面的不足使得我国资本市场体系一定程度上脱离了市场经济发展的基本要求,更不能适应互联网、大数据等新经济样态的创新成长需要。

科创板的推出,试图通过一系列的制度改革有效弥补资本市场的体系缺陷,尤其是在中小板、创业板之外另行开辟新的资本市场板块并修改了当下过于刚性的发行股份融资条件,从市值、净利润、营业收入、研发投入、现金流量净额、市场前景、科技含量等维度提供了五套企业上市标准,为科技创新企业的融资提供了一种新机制、一个新场所,充分地适应了当下市场经济深化发展的内在需求。

科创板对丰富可投资标的、完善我国资本市场结构具有重要意义。美国多层次资本市场结构呈现"正金字塔型"(见图3-4):位于第一层次的主板市场上市标准较高,主要服务于大型蓝筹企业;第二层次为纳斯达克板块,包括全球精选市场、全球市场和资本市场三个层次,上市标准较低,主要满足高风险、高成长的高科技企业融资需求;第三层次由区域交易所和未经注册的交易所构成,主要交易地方性企业债券及中小企债;第四层次由公告板市场(OTCBB)、粉单市场、灰单市场等场外组成,主要为美国小型公司提供融资服务。体系健全、层次多样且衔接呼应的美国资本市场为投资者多样化需求、刺激资本市场良性循环、提高资金配置效率提供了优渥的环境,推动了美国经济的创新和发展。

我国目前多层次资本市场体系主要为沪深交易主板市场、深交所中小板市场、深交所创业板市场、全国中小企业股份转让系统和区域性股权交易市场。科创板的提出对实现资本市场与科技创新深度融合,补齐资本市场服务科技创新的短板,丰富投资标的,满足不同投资者风险偏好,拓展社会资本使用范围空间,提高资源配置效率具有重要推动作用。此外,科创板作为资本市场制度改革创新的"试验田",在长期发展下有望达到帕累托最优。我国资本市场结构如图3-5所示。

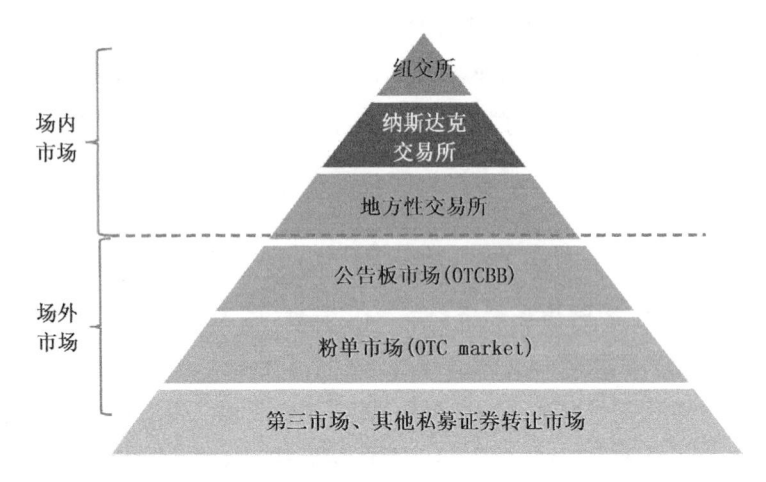

资料来源：东方证券科创板运行情况报告。

图3—4　美国资本市场结构呈现"正金字塔"型

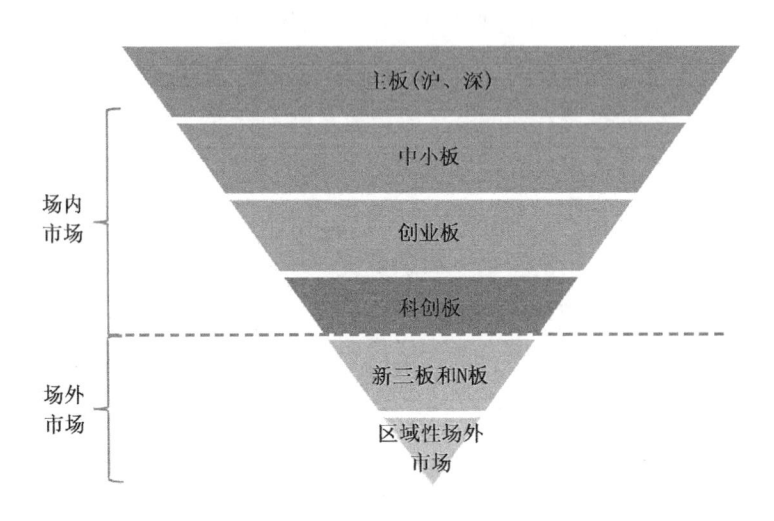

资料来源：东方证券科创板运行情况报告。

图3—5　我国资本市场结构呈现"倒金字塔"型

（四）创新发展：全面推广注册制的"试验田"

资本市场和金融制度本身的构成具有整体性，这决定了资本市场和金融制度的改革需要从体系维度加以展开，改革者在设计具体改革措施之时需要具备整体性思维，不能受到"脚痛医脚""头痛医头"式错误思路的影响。资本市场和金融制度本身的整体属性也决定了在此领域推行改革必然会面临较大的难度，要想整体化推动资本市场和金融制度的改革，往往会面临较大程度的阻力。

从我国资本市场的改革历程可以看出，任何一项整体性改革往往要经过长时间的准备和酝酿。以注册制改革为例，理论界和实务界虽然经历了漫长时间的讨论，但希望"一步到位"推动注册制在资本市场的全面贯彻并不容易,资本市场改革实践已经证明这种整体性改革会面临较多实践难题。资本市场其他领域的改革也或多或少面临同样的困境。如果坚持原有的改革逻辑,那么资本市场的制度创新可能难以有效推进。我国复杂的经济社会国情和资本市场结构决定了改革者必须采纳不一样的改革创新逻辑。

在这种背景下,需要在尊重资本市场整体性结构特征的情况下由局部试点改革,以先行先试为整体层面的制度改革积累经验。当局部实验改革取得成功时,可以把局部先行先试积累的经验、摸索的制度加以推广复制。这种改革模式既能有效减少"试错成本",最大限度消除改革试验失败可能带来的负面影响,又能充分增加试验机会,提升改革效率,使得各种创新改革举措都能通过实践加以检验。

科创板的推出贯彻了先行先试的改革逻辑,展现了科创板制度决策者和设计者高超的改革智慧。通过在科创板试点推行"注册制",能够使得资本市场改革在局部领域得以快速推进,并通过这种局部领域的先行试验为以后资本市场的整体性改革创新积累经验、创造条件。这也是科创板改革得以短期内迅速"落地"的重要原因。可以预见的是,如果科创板的改革能够成功,那么资本市场其他板块也将仿效科创板迅速推行"注册制"。当然,在科创板先行先试改革的过程中,必须建立合理的定期评估机制,对于科创板改革试验效果定期进行评估分析,一旦发现试验过程中存在严重问题应当及时采取调整措施。

(五)简政放权:促进证券监管的结构调整

证券市场的发展需要成熟的监管制度。监管机构必须合理运用监管权力,对于证券市场中存在的各类行为加以及时有效的监管,尤其是在证券发行环节和证券交易环节中防范各种违法违规行为的发生。

我国证券监管机构被赋予了重要的地位和职责,但是证券法治建设并未完全贯彻市场化的理念,在证券监管实践当中,由于证券监管体系的结构性弊端和制度性问题,证券监管机构在履行职责时有更多的经济目标、政治目标的考虑,证券监管执法存在滞后性、选择性等问题。从整体上来看,证券监管并没有充分发挥其功能职责。尤其是在证券发行环节,证券监管偏重于事前的审核,而在事中事后层面的监管则不够有力。但是,监管机构可能没有意识到"保护投资者"不能通过"消除风险"的方式,事实上证券投资风险是无法完全消除的。监管机构需要着力监管的是投资者被虚假信息、欺诈信息等"误导投资"的风险。此外,证券监管还存在监管不全面、监管不及时、监管不主动等诸多问题,未能充分贯彻落实功能监管、实质监管等原则,影响了证券市场的发展效率和制度功能。

科创板的推出旨在重构证券监管制度,特别是通过推行注册制,使得证券监管机构的监管权力在一定程度上向市场进行分权,但又能够同时完善全过程的持续监管制度。以证券交易所为核心的自律监管机构在证券发行过程当中将发挥越来越重要的监管职责,证券能否上市、公司是否退市完全交由交易所加以决定;以证监会为核心的证券监管机构将把监管重心从事前的审核监管转向事中事后的执法监管,特别是强化信息披露监管,并对科创板证券发行和证券交易过程当中的违法违规行为追究严格法律责任。从证券监管体系构成角度而言,通过科创板的改革试验,能够使证券监管体系构成从以行政监管为绝对核心转向行政监管、自律监管、市场监管并重。通过这种制度调整来优化证券监管制度和提升证券监管效率,为我国证券监管制度的结构转型积累经验。

二、科创板发行制度的运行情况与评估

如前所述,科创板具有独特的市场机制和运行机理,本部分主要围绕科创板发行制度的运行与创新,基于一年期间科创板的发行交易数据,对科创板发行制度的运行效果进行评估以及经验总结。

(一)关于科创板发行制度的基本评估

1. 体系架构

科创板注册制与此前的核准制相比,虽然仍部分适用主板发行上市的相关规定,但主干上已然是一套全新的发行制度体系。证监会和上交所在一系列配套制度设计上做了突破和创新设置,包括审核、发行、配售等多个环节。具体为采用全流程公开的电子化审核,设置多套以市值为核心的上市标准,接纳红筹和同股不同权乃至亏损的企业,提高首发定价市场化程度,等等。这些制度设计上的突破大大提高了科创板的运行效率,也在完善法治和监管的基础上扩大了容错空间。

从立法层级上,科创板的制度体系由基本法律、证监会规章和指引、上交所发布的规则和指引三个层次组成;从功能上区分,具体又分为基础法律制度、基础发行上市制度、实施细则与指引、特别规定四种类别。

(1)基础法律制度方面,全国人民代表大会常务委员会《关于授权国务院在实施股票发行注册制改革中调整适用〈中华人民共和国证券法〉有关规定的决定》和《关于延长授权国务院在实施股票发行注册制改革中调整适用〈中华人民共和国证券法〉有关规定期限的决定》为科创板的注册制试点提供了法律依据。2020年3月1日,新修订的《证券法》正式实施,与全国人大的决定在时间上完成衔接,从基础法律层面为科创板注册制发行制度确立了法律基础。《证券法》的修改从基本法律层面确立了证券发行注册制,并按照全面推行注册制的基本定位规定证券发行制度,不再规定核准制,取消发审委,为注册制实施提供了基础法律制度保障。同时,为有关板块、有关证券品种分步实施注册制的进程安排留出了法律空间。

(2)基础发行上市制度方面,证监会发布的《科创板首次公开发行股票注册管理办法(试行)》,上交所发布的《上海证券交易所科创板股票发行上市审核规则》《上海证券交易所科创板股票上市委员会管理办法》《上海证券交易所科技创新咨询委员会工作规则》《上海证券交易所科创板股票发行与承销实施办法》《上海证券交易所科创板股票上市规则》

等等,共同建立了科创板注册制的基础发行上市制度。

(3)实施细则与指引方面,证监会接连发布《公开发行证券的公司信息披露内容与格式准则第41号——科创板公司招股说明书》《公开发行证券的公司信息披露内容与格式准则第42号——首次公开发行股票并在科创板上市申请文件》等准则性文件,进一步为企业申请发行提供指引。《上海证券交易所科创板上市保荐书内容与格式指引》《上海证券交易所科创板股票发行上市申请文件受理指引》《保荐人通过上海证券交易所科创板股票发行上市审核系统办理业务指南》《上海证券交易所科创板上市公司证券发行上市审核问答》等一系列以问答形式发布的指引,对科创板的基础制度进行了细化,为注册制的具体实施建立了制度依据。

(4)特别规定方面,目前证监会及上交所发布的特别规定主要涉及以下特别事项:首先,关于红筹企业上市,主要有证监会发布的《公开发行证券的公司信息披露编报规则第22号——创新试点红筹企业财务报告信息特别规定》、《公开发行证券的公司信息披露编报规则第23号——试点红筹企业公开发行存托凭证招股说明书内容与格式指引》、《公开发行证券的公司信息披露编报规则第24号——科创板创新试点红筹企业财务报告信息特别规定》、《关于创新试点红筹企业在境内上市相关安的公告》、《公开发行证券的公司信息披露编报规则第24号——注册制下创新试点红筹企业财务报告信息特别规定》(2020年修订),上交所发布的《关于红筹企业申报科创板发行上市有关事项的通知》等等。其次,涉及科创板上市企业重大重组,证监会专门制定了《科创板上市公司重大资产重组特别规定》等规则。最后,针对科创板上市企业再融资,证监会与上交所分别颁布了《科创板上市公司证券发行注册管理办法(试行)》《关于科创板股票及存托凭证交易相关事项的通知》等文件。

2. 创新与亮点

(1)科创属性评价更加具体化。关于如何评价科创板的科创属性一直是注册制改革前的难点之一。2020年2月29日,国务院办公厅发布的《关于贯彻实施修订后的证券法有关工作的通知》(国办发〔2020〕5号)中明确提出,进一步完善科创板相关制度规则,提高注册审核透明度,优化工作程序。但根据证监会科创板的上市审核规则,除了"5+2"套上市规则涉及定量财务指标,对于企业是否具有科创属性仅停留在定性层面。2020年3月20日,证监会发布《科创属性评价指引(试行)》(以下简称《指引》),对申报企业是否具有科创属性提出了具体的"3+5"评价指标体系。2021年4月16日,证监会修订《科创属性评价指引(试行)》,根据聚焦支持"硬科技"的核心目标,突出实质重于形式,实行分类处理和负面清单管理,进一步丰富科创属性评价指标并强化综合研判,修改后形成"4+5"的科创属性评价指标并设置负面清单,申请人须同时满足以下四条常规指标:

①最近三年研发投入占营业收入比例5%以上,或最近三年研发投入金额累计在6 000万元以上;

②研发人员占当年员工总数的比例不低于10%;

③形成主营业务收入的发明专利5项以上;

④最近三年营业收入复合增长率达到20%,或最近一年营业收入金额达到3亿元。

采用《上海证券交易所科创板股票发行上市审核规则》第二十二条第(五)款规定的上市标准申报科创板的企业可不适用上述第④项指标中关于"营业收入"的规定;软件行业不适用上述第③项指标的要求,研发占比应在10%以上。

或者以下五项例外条款之一:

①发行人拥有的核心技术经国家主管部门认定具有国际领先、引领作用或者对于国家战略具有重大意义;

②发行人作为主要参与单位或者发行人的核心技术人员作为主要参与人员,获得国家科技进步奖、国家自然科学奖、国家技术发明奖,并将相关技术运用于公司主营业务;

③发行人独立或者牵头承担与主营业务和核心技术相关的国家重大科技专项项目;

④发行人依靠核心技术形成的主要产品(服务),属于国家鼓励、支持和推动的关键设备、关键产品、关键零部件、关键材料等,并实现了进口替代;

⑤形成核心技术和主营业务收入的发明专利(含国防专利)合计50项以上。

除此之外,按照支持类、限制类、禁止类分类界定科创板行业领域,建立负面清单制度。限制金融科技、模式创新企业在科创板上市。禁止房地产和主要从事金融、投资类业务的企业在科创板上市。

科创属性评价具象化提高了科创属性评价可操作性,有助于提升发行上市效率。根据目前上交所披露的各家企业审核过程中的问询及回复情况,企业的研发投入、成果产出及其对企业经营的实际影响均被反复问询。目前《指引》中对具体数据指标的选取,是在对已上市、已申报科创板企业的情况以及正在辅导备案环节企业统计分析的基础上,经测算、权衡而确定的。通过对科创板落地后近一年来的实践经验总结形成的这一套评价指标,可有效提高监管、审核部门未来工作便利度,提升审核效率。

从拟申报企业角度来看,解答了其是否具有科创属性的困惑。此前拟申报企业主要从同行业上市企业的招股说明书以及问询回复中,对于是否具有科创属性找寻蛛丝马迹的。此次《指引》发布,除3项常规指标中的财务指标外,其他5项例外条款中涉及的关键词如"经国家主管部门认定""国家科技进步奖""国家自然科学奖""国家重大科技专项项目"等,都为拟申报或对标科创板的企业提供了更明确的指引,同时也将伪科创企业拦在门外,节省了企业接受辅导、准备的时间。

(2)准予红筹企业发行上市。2020年6月5日,证监会发布《关于红筹企业申报科创板发行上市有关事项的通知》,根据科创板审核上市规则中的有关规定,作出以下四项针对性安排,进一步完善和细化了与红筹企业回归境内发行上市中直接相关的配套制度,为红筹企业境内上市提供了政策保障与倾斜,这将更有助于红筹企业利用好包括科创板在内的境内资本市场。

一是放松对赌协议:针对红筹企业上市之前对赌协议中普遍采用向投资人发行带有特殊权利的优先股等对赌方式,明确如承诺申报和发行过程中不行使相关权利,可以将优先股保留至上市前转换为普通股,且对转换后的股份不按突击入股对待,为对赌协议的处理提供了更为包容的空间。

二是修订股本总额计算标准:针对红筹企业法定股本较小、每股面值较低的情况,明确在适用科创板上市条件中"股本总额"相关规定时,按照发行后的股份总数或者存托凭证总数计算,不再按照总金额计算。

三是放宽营业收入要求:对红筹企业境内发行上市相关条件中的"营业收入快速增长"这一原则性要求,从营业收入、复合增长率、同行业比较等维度,明确三项具体判断标准,三项具备一项即可;同时明确规定"处于研发阶段的红筹企业和对国家创新驱动发展战略有重大意义的红筹企业",不适用营业收入快速增长的上述具体要求,充分落实科创板优先支持硬科技企业的定位要求。

四是修订退市标准:针对红筹企业以美元、港币等外币标明面值等情况,明确在适用"面值退市"指标时,按照"连续20个交易日的每日股票收盘价均低于人民币1元"的标准执行;此外,红筹企业发行存托凭证,基于存托凭证的特殊属性,不适用"股东人数"退市指标。

科创板允许红筹企业上市,这一制度上的重大突破有助于吸引更多优质的境外科创企业回归A股,这对于提升A股上市公司质量、促进经济结构转型和A股国际化进程均有重大意义。

(3)再融资条件进一步放宽。2020年7月3日,证监会发布《科创板上市公司证券发行注册管理办法(试行)》。后续上交所又陆续发布三项规则,即《上海证券交易所科创板上市公司证券发行上市审核规则》《上海证券交易所科创板上市公司证券发行承销实施细则》《上海证券交易所科创板上市公司证券发行上市审核问答》,进一步提高了审核效率,推动了科创板再融资的快速发展。相较于主板和中小板,科创板试点注册制在发行条件、审核程序、配股以及定增方面均有着非常明显的制度优势。概括起来主要有以下几个方面:一是发行条件更加宽松。相比于创业板和主板、中小板,科创板对企业没有盈利要求,发行条件更加宽松。二是审核时限大幅缩短。审核时限从3个月缩短为2个月,首轮问询的时间缩短到15个工作日,取消在首轮回复后10个工作日内提出多轮问询的要求,在总的时限内可以更灵活快捷。三是采用发行注册制,通过"交易所审核+证监会注册",提高审核效率。证监会注册期限为15个工作日。四是区分公开发行与非公开发行,进一步简化非公开发行审核程序。其中,公开发行的,审核机构提出初步审核意见后提交上市委审议;非公开发行的,无须提交上市委审议。五是针对符合要求的小额非公开发行,科创板再融资设置有简易审核程序,可以大幅简化小额快速融资程序，具体为：1个工作日内受理，对申请文件进行形式审核；5个工作日内作出同意或终止发行上市的审核决定。

（4）允许同股不同权企业发行上市。所谓"同股不同权"也就是表决权的差异安排，是指发行人依照《公司法》第一百三十一条的规定，在一般规定的普通股份之外，发行拥有特别表决权的股份（简称特别表决权股份）。每一特别表决权股份拥有的表决权数量大于每一普通股份拥有的表决权数量，其他股东权利与普通股份相同。

以第一家同股不同权的上市企业"优刻得"为例，《优刻得公司章程》第77条规定，每一A类股份享有的表决权数量应当与每一B类股份的表决权数量相同，即均可投一票以外，A类股份及B类股份持有人就所有提交公司股东大会表决的决议案进行表决时，A类股份持有人每股可投五票，而B类股份持有人每股可投一票。在五倍的特殊投票权安排下，优刻得前三大股东形成一致行动人，直接和间接持有公司29.730 5%的股份，掌握公司至少64.71%的表决权。这样，三大股东以较少的股份，实现了对上市公司的控制。

（5）并购重组更加高效包容。证监会于2019年8月23日发布《科创板上市公司重大资产重组特别规定》（简称《重组特别规定》），对科创板公司重大资产重组审核流程、认定标准、发行定价机制等重点问题作出规定。同日，上交所发布《上海证券交易所科创板上市公司重大资产重组审核规则（征求意见稿）》（2021年6月修订），规定了科创板公司重大资产重组、发行股份购买资产及重组上市应当符合的要求，科创公司实施发行股份购买资产的，应当符合《上市公司重大资产重组管理办法》关于发行股份购买资产的条件，股份发行价格应当符合《重组特别规定》的相关规定。上述规则的发布构建了科创板重大资产重组的基本制度规则体系，推动了科创板试点并购重组注册制改革逐步落地。

科创板重组规则更加注重制度包容性与审核高效性。科创板在结合A股整体并购重组改革成果以及科创板企业特点的基础上，对自身并购重组制度进行了完善，核心举措包括：一是明确标的资产业务属性。标的资产应当符合科创板定位，所属行业应当与科创公司处于同行业或上下游，且与科创公司主营业务具有协同效应。二是调整重大资产重组认定标准。关于调整构成重大资产重组情形的收入指标，除要满足标的资产营收占科创板公司同期营收比例50%以上外，还须满足超过5 000万元的指标。三是放宽发行股份价格下限。科创板公司发行股份的价格不得低于市场参考价的80%。四是明确重组上市标的的资产条件。标的资产除应符合科创板首次公开发行上市的条件外，还须满足特定的财务标准。五是压缩审核时间，提升审核效率。上交所审核时间限定在45日内，证监会注册时间限定在5个交易日内。关于科创板重组相关规定如表3-1所示。

苏州华兴源创科技股份有限公司（简称华兴源创）是科创板第一家上市公司，2020年3月28日成为科创板第一家提出重大资产重组申请的公司。从披露信息看此次申请，华兴源创拟以10.4亿元价格收购欧立通100%的股权（业务相互协同，都是消费电子终端

表 3－1　　　　　　　　　科创板重组要求、重要文件、具体内容

重组要求	重要文件	具体内容
公司资质	《上市公司重大资产重组管理办法》	充分说明并披露本次交易对上市公司有利作用 最近一年及一期财务会计报告被注册会计师出具无保留意见审计报告；非标意见的，重大影响需被消除 董事、高管不存违法犯罪行为，或违法违规行为终止已满3年，所涉及行为造成的影响消除 所购买的资产产权清晰，能够完成交易收购 中国证监会规定的其他条件
资产特性	《上海证券交易所科创板上市公司重大资产重组审核规则》	购买标的资产应当符合科创板定位，所属行业应当与科创公司处于同行业或者上下游，且与科创公司主营业务具有协同效应
价格限制	《科创板上市公司重大资产重组特别规定》	科创公司发行股份的价格不得低于市场参考价的80%；市场参考价为董事会决议公告日前20、60、120个交易日的公司股票交易均价之一

资料来源：根据上交所、证监会、兴业证券经济与金融研究院相关文件整理。

模组），其中3.12亿元通过增发募资支付，7.28亿元以股权对价支付。从此次交易问询函来看（见表3－2），监管层询问涉及5个领域问题：标的公司主要客户、商誉和无形资产、标的公司财务信息披露、收入预测和业绩承诺、协同效应及其他，其中前三者着重于标的资产财务真实性，后两者着重于标的资产对于上市公司的价值。

表 3－2　　　　　　　　　监管层询问领域（以华兴源创为例）

领域	细则	内容	领域	细则	内容
关于标的公司主要客户	关于重要终端客户的可持续性 关于直接客户的稳定性 关于单一客户依赖 关于单一产品依赖	披露客户A影响 披露客户A变化 披露其他客户情况 披露格局和假设证据	关于标的公司财务信息披露	关于收入增长的原因 关于营业成本 关于毛利率高于同行业 关于关联采购 关于外销收入 关于应收账款 关于现金流 关于关联方资金往来	解释收入大幅增长 解释成本下降原因 说明原因，预测变化 解释大幅变化原因 披露客户和影响 解释会计审核规则 解释大幅波动原因 要求解释4点细节
关于商誉和无形资产	关于商誉的确认和计量 关于客户关系作为无形资产的确认 关于其他可辨认无形资产的确认	提示商誉减值风险 详细解释客户情况 解释专利权评估增值的合理性及依据	关于协同效应及其他	关于协同效应 关于锁定期 关于募集资金 关于福岛自动化与标的的公司 关于投资计划 关于豁免申请	要求解释7点细节 核对股东出资和解禁 陈述必要性和影响 解释经营异常名录 2019年3亿元投资情况 终端客户A公司名称
关于收入预测和业绩承诺	关于收入预测的合理性 关于新冠肺炎疫情的影响 关于评估 关于业绩承诺	营收变化假设原因 测算下滑影响 解释净利增长高于营收 披露与上市公司关联			

资料来源：根据《关于苏州华兴源创科技股份有限公司发行股份及支付现金购买资产并募集配套资金申请文件的审核问询函》和兴业证券经济与金融研究院相关内容整理。

(6)对于分拆上市予以细化规定。首先,新规使得拆分上市更加具有可行性。此前,A股市场的分拆上市一直有严格限制。因为隐藏在分拆背后的母公司"空心化"、利益输送等问题会损害中小股东利益。证监会于2004年发布的《关于规范境内上市公司所属企业到境外上市有关问题的通知》、2010年4月召开的"创业板发行监管业务情况沟通会",分别设定了上市公司子公司到境外和创业板上市的规则。但在后续2010年11月的证监会保代培训上,证监会又将创业板分拆上市解读为"争议较大,操作性不强,需从严把握"。可见,过去A股市场实现分拆上市的案例数量非常少,并且都在母公司失去对子公司的控制权后才能实现,有分拆上市需求的公司基本都把目标定在中国香港、海外或新三板市场。

2019年12月,证监会正式发布《上市公司分拆所属子公司境内上市试点若干规定》,标志着A股市场分拆上市破冰。2020年以来,已经有20多家上市公司陆续公告拟分拆子公司上市的预案。新文件对拟实施分拆上市公司的要求,基本延续了2004年分拆至境外上市、2010年分拆至创业板上市的规定,并在此前基础上,增加了对母公司上市年限、盈利规模、并购资产年限的限制。上市公司进行分拆需要符合以下规定:一是上市满3年;二是最近3年连续盈利,扣除按权益享有的子公司利润部分,3年归母净利润累计不低于6亿元;三是最近1个会计年度按权益享有的拟分拆子公司净利润不超过上市公司归母净利润的50%,享有的子公司净资产不超过上市公司总资产的30%;四是上市公司董事、高级管理人员及关联方持有拟分拆子公司股份不超过其分拆上市前的10%,子公司董事、高级管理人员及关联方持有股份不超过30%;五是将通过重大重组或发行股份及募集资金获得的业务或资产,作为主要资产分拆上市需要满3年。

从以上动机来看,今后进行分拆上市的公司有几种类型:第一,公司资产庞大、业务多元,存在一定债务压力,旗下拥有盈利能力强、处在成长期的子公司;第二,孵化型平台公司,例如腾讯的股权投资组合涉及社交、娱乐、金融支付、电商、教育等领域,子公司上市后,母公司可以选择逐渐退出,获取投资收益;第三,有国企改革诉求的企业,例如目前混合所有制改革的重心——电力、铁路、石油、军工等。

其次,我们认为新规对于分拆上市的要求仍然严格。在A股市场,如果只按照证监会新规中的利润标准做筛选,那么截至2020年5月底,全部A股公司符合要求的数量约1 200家,数量占比约1/3,再加上其他限制条件,达到标准的公司数量更少。

对比中国香港和美国的监管规则,中国香港分拆上市规定主要参考联交所的《第15项应用指引——有关发行人呈交的将其现有集团全部或部分资产或业务在本交易所或其他地方分拆作独立上市的建议之指引》;美国没有专门针对分拆上市的规则文件,相关规定可以参考证券法、税法、证监会和交易所。在中国香港和美国市场,监管对申请分拆上市的母、子公司业务独立性都有严格要求,可避免拖累母公司盈利能力和股东权益,但设定的门槛不高,分拆上市更多是企业的自主决策行为,如美国要求分拆上市子公司满足一般上市条件,中国香港要求母公司过去3年累计净利润达到5 000万港元(A股是人民币6亿元)。

最后,风险方面,新规之下上市公司仍然可能借助分拆上市手段进行利益输送,造成投资者利益受损,且已公告分拆预案存在不能完成的风险。例如,2020年3月25日晚,延安必康发布拟分拆九九久科技上市的预案,随即,因涉嫌信息披露违法违规被证监会立案调查,可能不再满足"上市公司及其控股股东、实际控制人最近36个月内未受到过中国证监会的行政处罚;上市公司及其控股股东、实际控制人最近12个月内未受到过证券交易所的公开谴责"的要求,延安必康决定暂缓分拆上市审报,之后公司开盘股价跌停。同日,深交所向延安必康发布有关分拆上市计划的问询函。从文件内容看,审核重点与文件规定较为一致,要求公司就是否存在上市主体重复上市,九九久科技是否具备持续盈利能力,相关决策是否谨慎合理,是否涉及忽悠式分拆上市,是否存在违反公平披露原则、主动迎合市场热点等情况作进一步说明。

(二)科创板发行制度的功能实现情况

1. 融资成果显著

截至2019年5月31日,科创板已累计发行新股109只,融资额合计1 270亿元,新股数量位居同期四大板块首位,融资额仅次于主板的1 386亿元,分别占同期A股发行新股数和融资总额的39%、42%。尽管科创板"后来居上",但并未对存量的非科创板新股发行形成挤出。从实际发行结果看,企业首发市值明显高于其选择的上市市值标准。前109家科创板已发行企业首发市值为14亿~620亿元,平均为65亿元,其中49%的首发市值在100亿元以上。

2. 产业促进作用突出

(1)上市企业科创属性显著。《科创板首次公开发行股票注册管理办法(试行)》明确提出,在科创板上市的企业应"面向世界科技前沿、面向经济主战场、面向国家重大需求",且优先支持"符合国家战略,拥有关键核心技术,科技创新能力突出"的成长型企业。《上海证券交易所科创板企业上市推荐指引》进一步明确,重点支持新一代信息技术、高端装备、新材料、新能源、节能环保、生物医药等高新技术产业和战略性新兴产业的科技创新企业,以及推动互联网、大数据、云计算、人工智能和制造业深度融合的科技创新企业。

目前,从科创板已上市企业行业分布情况来看(见表3-3、表3-4),科创板中信息技术行业和医疗保健行业市值占比分别为56.4%、21.4%,新三板精选层辅导公司中信息技术行业和医疗保健行业市值占比分别为38.1%、9.9%。科创板更聚焦于科创成长属性行业,新三板精选层辅导公司中工业、材料、消费行业占比较大。

表3—3　　　　　　　　　　科创板已上市企业行业分布情况

所属行业	数量(家)	占比(%)	市值(亿元)	占比(%)
信息技术	41	42.3	7 211	56.4
半导体与半导体生产设备	10	10.3	3 068	24.0
软件与服务	15	15.5	2 439	19.1
技术硬件与设备	16	16.5	1 704	13.3
医疗保健	23	23.7	2 734	21.4
制药、生物科技与生命科学	15	15.5	2 008	15.7
医疗保健设备与服务	8	8.2	726	5.7
工业	15	15.5	1 481	11.6
资本货物	13	13.4	1 381	10.8
商业和专业服务	2	2.1	99	0.8
材料	14	14.4	1 027	8.0
可选消费	3	3.1	281	2.2
耐用消费品与服装	1	1.0	221	1.7
汽车与汽车零部件	2	2.1	60	0.5
日常消费	1	1.0	43	0.3
食品、饮料与烟草	1	1.0	43	0.3

资料来源：根据长安基金注册制内部研究资料汇编。

表3—4　　　　　　　　　新三板已上市企业行业分布情况
（新三板精选层辅导公司）

所属行业	数量(家)	占比(%)	市值(亿元)	占比(%)
信息技术	29	27.9	587	38.1
软件与服务	19	18.3	318	20.6
技术硬件与设备	10	9.6	270	17.5
工业	29	27.9	379	24.5
资本货物	21	20.2	284	18.4
商业和专业服务	7	6.7	92	6.0
运输	1	1.0	3	0.2
材料	13	12.5	194	12.6
医疗保健	13	12.5	153	9.9
制药、生物科技与生命科学	11	10.6	141	9.1

续表

所属行业	数量(家)	占比(%)	市值(亿元)	占比(%)
医疗保健设备与服务	2	1.9	12	0.8
日常消费	7	6.7	119	7.7
食品、饮料与烟草	7	6.7	119	7.7
可选消费	9	8.7	85	5.5
媒体Ⅱ	4	3.8	45	2.9
汽车与汽车零部件	3	2.9	23	1.5
耐用消费品与服装	1	1.0	10	0.6
零售业	1	1.0	8	0.5
公用事业	4	3.8	26	1.7

资料来源：根据长安基金注册制内部研究资料汇编。

此外，核心技术水平直接关系到企业竞争力，以及企业上市后的持续经营能力。目前我国多数科技企业还是处于攻坚克难的成长期，有一定的技术领先优势，但有重大技术突破、处于国际竞争前列的企业数量，尚不占优势。已上市企业公告技术水平处于国内领先水平的占比高达64%，其中有20%的企业处于国际领先，这些企业不乏各领域的细分龙头企业。保持核心技术水平领先程度的主要因素之一取决于企业研发投入力度。目前100家科创板公司的平均研发投入占营收比例为11.97%，平均每家科创板公司拥有75项发明专利、58项实用新型专利，显著高于非科创企业数据。

总体而言，科创板上市企业科创属性突出，科创板助力科创的战略目标实现情况良好。

(2)科创板的推出有效增加了创投基金退出渠道。2017年第一季度至2020年第一季度中国PE市场退出案例分布数据显示(见图3-6)，IPO已成为目前PE投资退出并实现盈利依赖的主要手段。科创板开板前，A股IPO时间长、门槛高，较为稀缺；科创企业短期内财务指标难以达到IPO门槛，既无法通过IPO实现直接融资，也难以获得创投资本的青睐。

科创板为创业投资基金提供了良好的退出渠道。统计数据显示(见图3-7)，2020年第一季度中国PE市场共发生293笔退出，同比下降3.9%，环比下降32.1%。IPO退出206笔，占比70.3%，同比上升57.3%。其中，105笔IPO退出事件涉及的企业在科创板挂牌。

(3)民营上市企业比重上升。从上市企业性质看，科创板支持实体企业做大做强，尤其是民企。根据Wind统计，已上市105家科创板企业中民企数量占77.1%，超过同期主板(69.8%)，低于中小板(80.0%)和创业板(94.2%)。从已上市科创板企业所属六大领

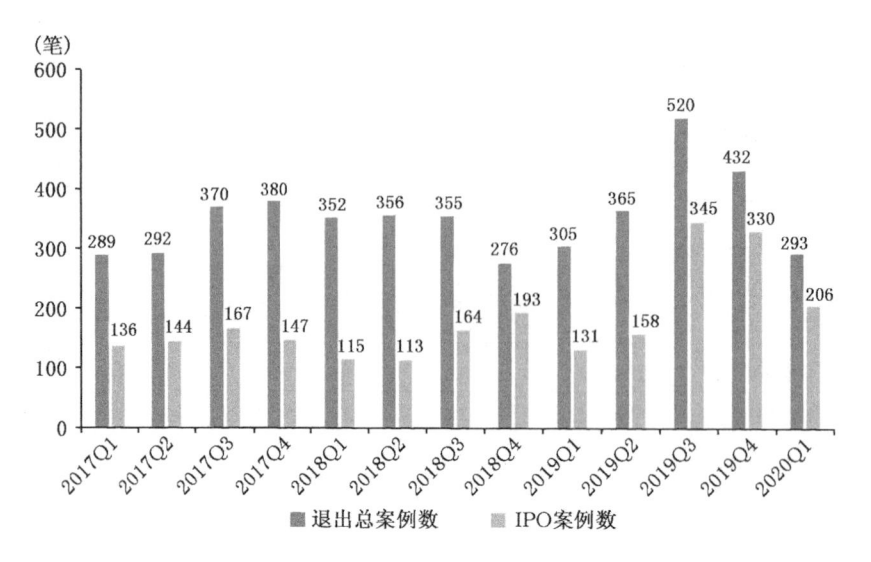

资料来源：私募通，2020。

图3-6 2017年第一季度至2020年第一季度中国PE市场退出分布

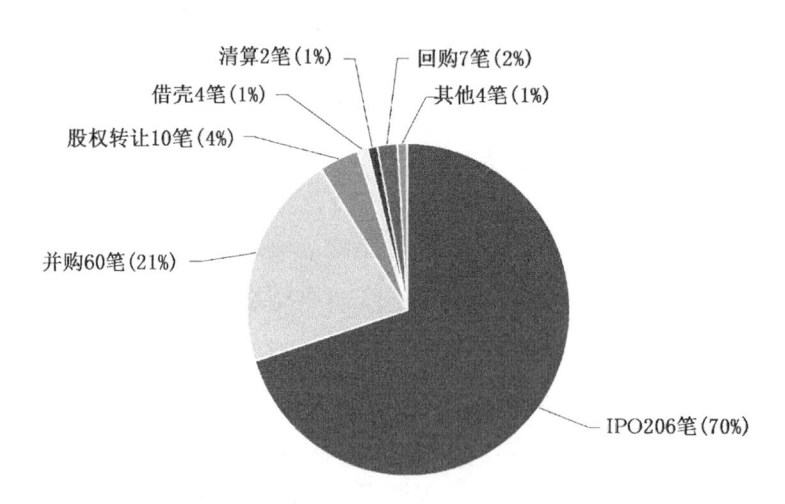

资料来源：私募通，2020。

图3-7 2020年第一季度中国PE市场退出方式分布

域分布看，新一代信息技术行业新股数量明显占优（多达43只），其次是生物医药行业（26只）和新材料行业（18只），合计占科创板新股上市总量的79.09%。

(三)科创板发行制度的实施运行效果

1. 政府审核层面

科创板IPO过会率提高，发行时间显著缩短。截至2020年5月31日，科创板整体过会率为98.04%，注册通过率高达96.75%。2019年A股主板、中小板和创业板等非科创板的企业共128家上会，过会105家，过会率为82.03%。科创板过会率显著高于非科创板。科创板未能过会的企业中有三家企业在上市委审议阶段被否，一家企业在注册环节不予注册。从被否原因来看，核心技术先进性不足和未能依靠核心技术开展生产经营情况是未通过的首要因素。

2019年度拟上交所主板的IPO企业从受理到上会的平均排队时长为567天。其中拟中小板上市的IPO企业，从受理到上会的平均排队时长为493天；拟创业板上市的IPO企业，从受理到上会的平均排队时长为568天。截至2020年5月31日，科创板已上市企业从受理到上市平均耗时211天，最后一个季度过会速度逐步加快。相比较而言，科创板过会时间较非科创板显著缩短，IPO"堰塞湖"现象的缓解速度进一步加快。从询问内容来看，科创板上市委对企业重要信息"刨根问底"，堪称事无巨细、抽丝剥茧；审核重点开始从企业盈利能力向合规性转变，重视审查企业的合规性指标，关注核心指标的真实性和合理性。

2. 市场主体层面

首先，上市标准包容性加强，允许满足一定要求的尚未盈利的企业在科创板上市，允许符合条件的红筹企业以CDR形式在科创板上市、有条件接受同股不同权。截至2020年7月31日，科创板已有10家未盈利企业发行上市和11家未盈利企业正在申请。此外，已有1家同股不同权企业（优刻得）和1家红筹企业（华润微电子）成功发行。

科创板在上市门槛上放松盈利要求，允许亏损企业上市，对于支持创新能力突出而尚未实现盈利的科技类企业而言犹如雪中送炭，尤其是对于创新医药企业，这将加快提升我国整体医药研发水平，推动医疗水平进步。从实际发行结果看，企业首发市值明显高于其选择的上市市值标准。目前科创板已发行企业首发市值位于14亿~620亿元，平均为65亿元，其中49%的首发市值在100亿元以上。目前已有129家、4家、1家、11家、4家企业分别选择了科创板一套至五套上市标准，另有3家企业选择差异表决权/红筹企业适用的第二套"市值＋收入"的指标，科创板包容性特征体现明显。此外，数据显示，有近85%的企业选择了第一套科创板上市标准。

其次，科创板上市企业后续营业利润增长情况良好，科创属性突出。截至2020年5月31日，全部已上市科创板新股中有95只公告了上市首年财报数据。整体来看，科创板新股上市首年均实现营业收入和净利润的双增长，近三年营收和扣非归母净利润的复合增速平均值分别为25.75%、53.04%，明显高于同期非科创板新股的18.18%、15.48%。同时，科创板新股近三年平均毛利率、ROE水平分别为51.33%、16.04%，也均高于非科创板新股，显示出科创板新股较强的盈利能力。截至2020年4月30日，有百家科创板上市公司全部披露了2019年年度报告，或按要求以上市公告书的形式披露了2019年主要经营数据。总体来看，科创公司上市元年的数据符合市场预期。

（1）业绩稳中有升。2019年年报显示，科创板公司上市首年保持良好发展态势。这些公司共实现营业收入1471.15亿元，同比增长14%；归母净利润178.12亿元，同比增长25%;扣除非经常性损益后的归母净利润158.98亿元,同比增长11%。同时,盈利质量稳步提升,经营活动现金流净额197.08亿元,同比增长75%。其中,七成公司收入和净利润均实现两位数增长,八成公司收入和净利润均实现增长,九成公司扣非后实现盈利。

(2)主要行业均衡发展。科创板主要行业均实现不同程度增长。以新一代信息技术、人工智能、云计算等为代表的"新基建"类公司,表现出较强增长势头,营业收入和净利润分别增长15%、42%;受益于医疗需求持续增加,生物医药行业营业收入和净利润分别增长28%、14%;节能环保、新材料、高端装备制造也保持了较快增长,营收增速分别为30%、17%、6%,净利润增速分别为25%、23%、10%。

(3)创新经济特征明显。科创板公司年报财务指标呈现出明显的"新经济"特征。一是轻资产。2019年末固定资产占总资产比例平均值仅为11%,公司核心竞争力更多体现于未反映在财务报表中的智力资本、客户关系、数据资源等新经济要素。二是毛利率和净利率高。2019年度毛利率平均为54%,净利率平均为22%,显著区别于其他板块,显示出较强的市场竞争力。三是净资产收益率高。2019年净资产收益率平均接近20%,投入产出比更加经济,资本利用效率更高。

(4)研发投入持续加大。2019年合计投入研发金额117亿元,增幅23%;研发投入占营业收入的比例平均为12%,持续保持力度。其中,微芯生物、赛诺医疗研发投入占比接近50%;中微公司等11家公司研发投入占比超过20%;虹软科技等5家公司连续三年研发投入占比超过30%;金山办公等22家公司连续两年超过15%。同时,科创板公司已经形成一支稳定的科研队伍,研发人员占员工总数的比例超过三成,平均每家超过200人,同比增长10%。19家公司在上市后实施股权激励计划,涉及员工人数超过3 000人,科研人员有了分享科技成果的"稳定锚"。

(5)科技创新成果突出。高研发投入带来更多科技创新成果。2019年,科创板公司合计新增专利2 500余项,其中发明专利1 100余项。平均每家公司累计拥有发明专利75项、软件著作权62项,有13家公司获得国家科技进步奖。

(6)民营和混合所有制企业成绩突出。在科创板上市公司中,民营企业和混合所有制企业占比逾九成,其在IPO环节合计融资额接近千亿元。上市后,活力得到进一步释放。2019年年报显示,价值创造方面,民企及混合所有制企业创造了科创板六成的营业收入、七成的净利润,缴纳了六成的各项税金,提供了七成的就业岗位;科技创新方面,投入了八成的研发费用,取得了七成的发明专利。在核心产品实现进口替代的科创公司中,九成为民企和混合所有制企业。

(7)信息披露有效性得到提升。一是风险导向更加鲜明。科创板公司年报披露的风险数量平均接近10个,涵盖了核心竞争力风险、经营风险等多个方面,披露更为具体、直接。二是一致性和可理解性的注册制披露要求得到落实。科创板公司普遍重视通过清晰易懂的表述,介绍公司产品、技术等信息,注重回应招股书等前期披露文件中重大事件的进展。例如,泽璟制药、百奥泰等公司在重大风险提示部分,结合行业特点、尚未盈利的原因、对公司现金流等方面的影响,对亏损的情况予以特别提示。海尔生物以应用场景为切入点,从使用者、储品类型、存储温度等角度介绍公司的产品和服务,直观易懂,便于投资者理解。

(8)亏损上市、红筹、特别表决权公司发展态势良好。在科创板更具包容性的上市条件下,已有3家亏损企业(其中2家采用第五套上市标准)、1家红筹企业、1家设置特别表决权的企业陆续上市。若按照以往的上市门槛,则这些企业将无缘境内上市。2019年年报显示,5家企业发展态势良好,科技创新实力进一步提升。其中,百奥泰研发的阿达木单抗生物类似药,成为国内首个获得上市批准的阿达木单抗生物类似药;泽璟制药完成甲苯磺酸多纳非尼片一线治疗晚期肝细胞癌的Ⅲ期注册临床研究,已提交新药上市申请。

3. 中介机构层面

中介机构责任强化,中介机构更加集中。中介机构是连接发行人和投资人的重要环节,加强对中介机构的监管和追责,提升中介机构执业规范性和专业度,是确保证券发行依法合规顺利开展的必要举措。通常认为,拥有更高市场知名度、更丰富项目经验的头部中介机构在执业规范性和专业度上往往更有保障。已发行的科创板新股中介机构的分布呈现较为明显的头部效应:前十家保荐机构和前十大审计机构累计承接已发行科创板项目的56%和81%;律所的集中度略低,前十大的项目累计占比为25%。科创板为投行业务提供稳定且可观的增量,发行机制的创新亦对券商综合实力提出更高要求:由于科创板特殊的机制设置,在项目筛选和风控方面以及销售和定价能力方面都有更高的要求,主承销商需要对上市企业根据不同标准进行跟投2%~5%;发行价格在保荐机构定价的基础上配合询价机制,发行价格变得更加市场化;建立全流程监管体系,将监管重心更多地放在事中和事后的监管上。与主板相比,科创板有更高的券商准入门槛,缓解了价格战对券商投行业务带来的负面影响,从中长期看,头部券商将在承揽科创板项目上获得更多的业务机会和更大的话语权,加速了投行业务的"马太效应"。

4. 发行市场化程度提升,配售倾向长期投资者

在科创板强调多方参与主体相互博弈制衡的机制下,已发行的科创板定价结果也比较充分地体现出市场化特征。科创板首发估值水平整体与二级市场接轨程度更高,首发定价估值更有区分度,不同质地的科创企业的内在价值在科创板的首发定价中能得到更充分的体现。截至2020年5月底,已发行科创板新股的中证指数行业(下同)首发市盈率均值在23.40倍至181.85倍之间(区间较宽),市盈率中值为48.26倍。同时,首发定价市盈率也能体现出不同的行业的估值属性特征。比如按证监会行业分类,互联网、医药、软件、高端装备(专用设备制造业)等长周期景气度更高行业的首发PE相比同期A股其他板块平均23倍附近的水平,有更高的溢价;而金属制品、环保、交运等行业首发PE偏

低,相比同期A股其他板块首发PE,溢价率也更低。

考虑到科创板企业高成长、高风险的属性,从投资风险适当性管理角度,科创板新股的网下发行配售仅限于机构投资者,目前主要涵盖公募基金、券商、私募基金、社保基金、保险公司、财务公司、信托公司和合格境外机构投资者(QFII)。从配售数量构成上看,以公募基金为主,占各月配售对象总数的比例约60%～70%;如果加上同样投资周期长且代表更多公众投资者利益的社保、年金、保险以及合格境外机构投资者资金,则长期机构投资者配售对象数量的占比约65%～75%。科创板网下配售的投资者结构兼顾了投资适当性和最终参与主体的普惠性。

5. 上市运行平稳,市场博弈充分

科创板主要面向高科技创新企业,未来发展面临一些不确定性。由于引入更市场化的二级市场交易机制,科创板投资波动性和风险相比目前非科创板更高。相比创业板核准制下2年证券交易经验的开户门槛,科创板进一步提高至50万元资产和2年证券交易经验,这一适当性要求兼顾了投资者风险承受能力和科创板市场的流动性。根据上交所所提供的数据,截至2020年5月20日,开通科创板权限账户数达到590万户,为沪市账户总数的2.48%,较2019年6月27日发行的首只新股华兴源创网上申购账户数275.6万户增幅达114%。

在科创板市场化询价机制下,发行定价市场化程度提高,又由于上市初期交易涨跌幅限制的同时放开,更有助于价格发现功能的发挥,尽快形成合理价格。截至2020年5月底,科创板已上市新股105只,首日平均涨幅为136.2%。开板初期,首日涨幅与当月新股供给量负向相关性较强。根据Wind分类,科创板六大行业中生物产业(148.04%)、新一代信息技术(146.33%)行业首日收盘涨幅相对领先,而相关服务业的唯一标的中国电研首日涨幅仅为43.27%。从申万行业一级分类来看,农林牧渔(318.30%)、通信(280.68%)、钢铁行业(210.20%)首日涨幅居前,国防军工(85.57%)、公用事业(91.74%)和食品饮料(93.18%)相对靠后。

截至2020年7月11日,科创板首批25家公司定价结果全部落地。核心数据特征为:一是定价大概率落在主承销商估值区间的中位数略偏上位置;二是平均发行PE为53.4倍,88%的公司高于行业PE,62%的公司低于A股可比公司平均PE;三是实际募资总金额为370.18亿元,整体超募率为19.07%;四是目前A类网下中签率中位数为0.34%,网下配售占比平均高达82.55%。

(四)对于科创板发行制度的完善建议

对标全球性的先进成长期公司市场的标杆——纳斯达克(NASDAQ),科创板在发行制度、上市流程和创新性认定标准以及具体审核要求等方面仍有待进一步完善之处。

1. 科创板的发行上市标准尚待细化和丰富

科创板作为注册制试点,上市标准尚待细化和丰富;对比主板市场,上市流程虽已大幅简化，审核周期亦显著缩短，但与纳斯达克相比仍有一定差距；在改革创新不断推进的同时，相关法律法规尚须补充，事后监管仍待加强。

以科创板对标全球性的先进成长期公司市场纳斯达克，我们发现在制度建设方面科创板仍有差距。纳斯达克全称为美国全国证券交易商协会自动报价表（National Association of Securities Dealers Automated Quotations），以其多层次的市场结构和多样化的上市标准满足了不同企业的上市需求。NASDAQ 于 1971 年建立，2006 年通过改革形成了由"纳斯达克全球精选市场""纳斯达克全球市场"和"纳斯达克资本市场"组成的三层次市场结构，每层资本市场分别有 3~4 个上市标准，上市制度得到进一步优化。实际上，从 1971 年成立到现在，纳斯达克交易所的结构体系也经历了一个长期变革发展的过程。

在纳斯达克交易所成立的早期，主要是为了吸引中小型企业上市，上市标准相对而言也比较简单。就上市标准最低的纳斯达克"资本市场"板块而言，早期的上市标准主要是在资产、股本等方面有些要求，如 1975 年申请到"纳斯达克资本市场"上市的企业在总资产方面必须达到 100 万美元，在股本和资本公积方面必须达到 50 万美元标准。在 1997 年这一标准有所调整，分别调整为 400 万美元（总资产）和 200 万美元（股本和资本公积）。但随着科技创新的推进，纳斯达克交易所也意识到了单一的标准不足以满足实践中各类创新型企业的融资需要，因此从 1997 年开始对申请到纳斯达克资本市场上市企业的标准进行了调整，提供了多样的类型化判断标准。例如，股东权益达到 500 万美元，经营年限两年以上；公司市值达到 5 000 万美元，同时股东权益达到 400 万美元；净利润达到 75 万美元，同时股东权益达到 400 万美元。符合上述任一标准的企业都可以申请到纳斯达克交易所资本市场板块上市。

同时，纳斯达克资本市场体系内部也进行了结构分层，形成了"全球市场""精选市场""资本市场"的三层体系，上市判断标准也在不断演变。截至目前，"全球市场"的上市判断标准包括：股东权益达到 3 000 万美金，经营年限两年以上；股东权益达到 1 500 万美元，税前利润达到 100 万美元；公司市值超过 7 500 万美元；总资产达到 7 500 万美元，总收入达到 7 500 万美元。2006 年成立的"精选市场"，基本上参照了纽交所的上市标准，其上市标准更为严格。比如"净利润标准"要求前三年合计超过 1 100 万美金，同时近两年每年超过 220 万美元，同时前三年当中每年均有营业收入；"市值＋收入标准"要求前 12 个月平均市值超过 85 000 万美元，且上年度的收入超过 9 000 万美元；"市值＋收入＋现金流量标准"要求前 12 个月平均市值超过 55 000 万美元，上年度的收入超过 11 000 万美元，前三年合计超过 2 750 万美元的现金流量，同时每年均有营业收入；"市值＋总资产＋股东权益标准"要求市值超过 16 000 万美元，总资产超过 8 000 万美元，股东权益超过 5 500 万美元。

可以看出，纳斯达克资本市场体系下不同结构分层的上市标准非常的多元化，综合考虑了不同类型企业的客观需求,确立了净资产、净利润、收入、市值、经营年限等多层次、复合化的判断标准。从目前的纳斯达克市场的上市企业分布来看,"全球市场"的企业较多,"精选市场"和"资本市场"的企业相对较少,但值得注意的是,在"精选市场"体系下,有苹果、微软、谷歌、脸书、亚马逊等互联网巨头企业。

与我国科创板对比来看,纳斯达克拥有更多的上市层次选择,其标准中对财务指标的要求更为明确和完善;在企业种类上,当前我国科创板上市企业均具备高新技术产业和战略性新兴产业背景,导致科创板在行业门槛上远高于纳斯达克;我国科创板确立了五套上市标准,又从市值、净利润、营业收入、研发投入、现金流量净额、市场前景、科技含量等维度提供了一系列参照审核标准。但从现有的标准来看,往往只有大型的科技创新企业才能符合科创板的上市条件,对于大多数中小型的科技创新公司而言,科创板上市可能依然遥遥无期。从这个角度而言,在科创板内部进行适当的分层,再提供更为多样化的企业上市标准,可能更有利于科技创新型企业的融资,也更有利于多层次资本市场的发展。

2. 科创板上市流程成本仍然较高

自科创板试点注册制以来,企业上市均交由上交所审核并在证监会注册,主要以信息披露为中心,强调事中事后管理,在实现上市流程大幅简化的同时缩短了上市审核周期,提升了企业发行上市的效率。目前科创板审核周期约为6~9个月,证监会在上交所审核通过后20个工作日内完成注册,相较主板市场前期平均18~24个月的发行周期大幅提速,更好地满足了企业的融资需求,并有效降低了企业的发行成本。

由于美国资本市场经历了长时间多轮次的改革与完善,其在流程设置上更加完备,其中针对部分经营状况较好的企业采取了更为简化的上市流程,更加市场化,规则弹性也更大。而受到资本市场发展程度和参与者资质差异的影响,监管部门对拟上市企业审核工作的侧重点也是我国科创板注册制与美国市场注册制的不同点之一。美国证券交易委员会(SEC)就企业的上市材料审核更多的是材料中的信息披露的完整性,而不对披露内容的真实性做过多的审查,这一点是需要完善的法律制度作为支撑的。而我国由于针对事后监管的相关法律法规有待完善,企业欺诈成本较低,科创板上市委需要在兼顾审查企业披露信息完整程度的同时投入大量时间和人力成本以确保其真实性。

3. 科创属性评价标准仍有局限性

目前,《科创属性评价指引(试行)》(2020年版)将是否具有科创属性具体化为研发投入、发明专利、营业收入几个方面的标准。上述要求具体化固然有方便参照及执行的优势,但是如果技术尚未实现盈利,那么技术是否拥有专利、是否独创等客观标准,与技术是否能够盈利其实并不必然相关。技术能否转化为生产力、是否在行业中具有优势、应用是否存在障碍等因素都会影响技术优势转化为盈利能力。将科创属性具体化为外在的指标系基于归纳的逻辑,只能适用于一般情况,其本身仍然存在局限性。

体现这一局限性的一个直观现象是在《科创属性评价指引(试行)》发布前已上市发行的

科创板企业也并非完全能够符合《科创属性评价指引(试行)》规定的"3＋5"标准(2021年修订为"4＋5"标准)。若考虑其中的3项常规指标,则已上市的79家企业中,有8家企业未达到研发投入标准,2家企业未达到发明专利标准,10家企业未达到营业收入标准,其中有1家企业同时未达到发明专利和营业收入要求。综上,共19家已上市企业无法同时满足《科创属性评价指引(试行)》中的3项常规指标要求(见表3-5)。

表3-5　　　　　　达到3项常规指标要求的科创板上市企业情况

指标类型	具体内容	达到要求企业数量	未达标企业数量
总　计		60家	19家
研发投入	2018年研发投入占营业收入比例5%以上	62家	8家
	2018年研发投入金额2 000万元以上	62家	
发明专利	形成主营业务收入的发明专利5项以上	73家(4家未披露)	2家
营业收入	2018年营业收入增长率达到20%	51家	10家
	最近一年营业收入金额达到3亿元	53家	

资料来源:清科研究中心,《2020年科创板上市情况统计分析报告》。

上述19家企业中,仍有2家未能符合5条例外条款。但这2家获得了多项省级或行业协会颁布的科技类奖项,且已于科创板成功发行,很难认定其不符合科创板对于科创属性的要求。可见,《科创属性评价指引(试行)》规定的具体化指标在评价科创属性上仍存在局限性。

4. 关于发行审核问询中存在的相关问题

(1)对于违法违规审查缺乏统一原则。就发行条件而言,上市公司应当注重内控规范与经营合法合规。但出于提高发行审核效率的角度,对于发行人报告期内存在违法违规行为的,或者疑似违法违规行为的,审核尺度应当将违法行为是否影响持续经营纳入考虑。实际上,对于上市企业的很多行政违法都有相应的主管机构对其进行监管,在主管机构已经处罚完毕并且允许公司持续经营的情况下,似乎并没有必要继续因过往的处罚不允许公司上市。例如,如果发行人曾因环保问题遭受处罚并被勒令停产,但并未持续到申报时点,且整改后环保验收已经通过,那么该违法违规行为并不影响公司的持续经营能力。因此阻止该公司上市似乎并没有必要。就目前实际情况而言,即使违法违规行为可能不影响持续经营或已经处罚完毕,审核组仍然会要求申请上市企业就所有违法违规行为开具非重大证明。这对上市发行而言并无太大意义,且会拖慢效率。

综上所述,建议以持续经营能力为核心标准,降低报告期内规范性要求。同时进一步明确重大违法违规行为的判定标准,为重大违法违规行为增加限定条件,例如仅将影响持续经营能力的重大违法违规行为才构成上市的排除要件作为判定标准。

(2)各个板块审核标准未能统一。目前,科创板的审核与A股主板上市的审核标准仍有部分不匹配。例如,证监会制定的《首发业务若干问题解答》(俗称"IPO50条")已经不再认为申报后会计差错更正超过20%属于发行条件的实质性障碍,而在"IPO50条"前一天出台的《上海证券交易所科创板股票发行上市审核问答》(俗称"科创板32条")却依然认为构成发行条件的实质性障碍,从而导致了恒安嘉新在注册阶段被证监会否决。这种会计调整并不会影响投资者对公司投资价值的判断,在核准制IPO不认为构成障碍的情况下,没有理由反而在注册制IPO中认为构成障碍。建议科创板与发行部IPO统一尺度,进一步理顺标准间的逻辑。

(3)审核问询事项尺度尚未统一。在注册制发行实践中,审核问询事项的尺度存在较大差异。有时会见到在发行人收入规模数亿元、净利润规模过亿元的情况下,审核部门问询函仍对几十万元影响标的事项提出问询。从投资者角度而言,问询此类事项几乎毫无意义。当科创板注册制要求发行人和中介机构以投资者关切为标准进行信息披露时,审核人员的问询也应当以投资者关切为标准。因此,建议对审核问询事项的重要性水平制定规则,仅对企业价值、企业持续经营可能构成影响的事项进行问询,对重要性水平较低的事项可以尽量从简。

此外,实践中不同审核人员的问询尺度也差异较大。由于审核人员来自不同的部门,审核经验与过往工作经历各不相同,风险偏好尺度也不一样,客观上确实导致了问询问题的尺度不统一。部分审核员大刀阔斧,对问询提纲挈领;另有部分审核员较为谨慎,事无巨细。同样一个问题,可能在某一审核员看来不构成障碍,但在另一位审核员看来就会构成较大障碍。从发行人的角度看,每个审核人员提出的问题都代表审核中心的意见,对同类问题的不同问询审核尺度,会引发市场对审核中心审核标准的误解与混乱。因此,有必要制定相应的规则统一审核员问询的审核尺度,进一步增进审核程序的标准化。

(4)注册与发行审核尚需进一步协调统一。与审核中心的审核流程及审核内容透明化可预期不同,科创板在注册环节的透明度非常低,每一轮注册环节的问询都没有实时披露,注册环节的时间存在重大不确定性,两个月注册不下来已经成为常态。据此,市场有些人认为监管部门在注册环节刻意控制批文节奏。从审核中心的审核情况来看,每一轮问询回复后公告没有任何技术困难,因此,可以考虑在注册之前让证监会把审核问题先提出来,使得注册环节更加透明化。

(5)审核问询存在过于冗长的问题。信息披露充分性没有止境,必须以一定的标准来判断信息披露是否足够完善。但目前实践中更多的是审核人员自己把握信息披露是否足够清晰。然而,出于对信息披露是否足够的不确定,审核人员有时候会过于追求信息披露的充分,以至于问询问到四轮、五轮或者更多。审核机构不应该无止境地帮助发行企业完善招股说明书,否则会拖慢整体的效率。因此,建议对信息披露的充分性设置一个统一的尺度,或者对问询设置一个上限。例如,如果问询三轮还不能达到信息披露要求的,就可以直接否决或暂缓发行。

三、科创板交易制度的运行情况与实施评估

相较于科创板试点注册制在发行体制机制上的全面改革,科创板交易制度主要沿用的还是主板交易制度,同时在股东减持方式、价格申报等方面进行局部性的调整与创新。此外,科创板交易的监管制度也进行了相应改革完善。对于科创板沿用原主板交易制度的部分,本部分内容不再赘述,仅对科创板试点注册制以来交易制度的完善与创新之处进行总结与评估。

(一)关于科创板交易制度的基本评估

1. 体系架构

(1)基本法律层面,新《证券法》对证券发行交易行为进行了修改完善。新《证券法》扩大了内幕交易知情人的范围,增加了操纵市场行为的列举,强化了证券实名制要求、交易所对证券风险行为的处置,规范了程序化交易和上市公司的停牌、复牌行为,上市公司不得利用复牌、停牌损害投资者交易。

(2)交易制度层面,上交所科创板发布了《上海证券交易所科创板股票盘后固定价格交易指引》《上海证券交易所科创板上市公司股东以向特定机构投资者询价转让和配售方式减持股份实施细则》《上海证券交易所科创板股票交易特别规定》等重要文件,为科创板增加了盘后固定价格、"价格笼子"等交易制度。此外,《上海证券交易所、中国证券登记结算有限责任公司科创板上市公司股东以向特定机构投资者询价转让和配售方式减持股份业务指引》为科创板增加了两种新的股东减持方式。

(3)监管规则层面,证监会发布了《上市公司持续监管办法(试行)》,上交所发布了《关于明确科创板股票异常波动认定所涉基准指数有关事项的通知》和《上海证券交易所科创板股票异常交易实时监控细则(试行)》,这些规则进一步强化了对于异常交易的监控。

2. 创新与亮点

从目前已经发布的正式规则来看,科创板的交易规则与目前A股的交易规则有些差异。实际上,基于对标发达资本市场规则、提升科创板市场化程度的目的,科创板的交易规则在很多方面进行了创新变革。

(1)前五日不设涨跌幅限制,五日后涨跌幅度上下限增加至20%,以提高市场定价效率。为提高定价效率,让市场充分博弈,尽快达到均衡价格,上交所在新股上市初期放开了涨跌幅限制。科创板之所以设定为前五日不设涨跌幅限制,主要是参考国际成熟市场的情况,一般新股上市五日后价格波动较为平稳。同时,考虑到新股首日充分博弈的情况,后四日的运行情况可为下一步改革提供参考。此外,科创板股票从上市的首日起就可以作为融资融券的标的。

科创板在上市五个交易日之后将涨跌幅限制放宽至20%,主要是为了减少交易阻

力,提升市场定价效率。目前A股涨跌幅限制存在三大问题:一是涨跌停的时候带来磁吸效应;二是极端情况下造成的市场流动性缺失;三是定价效率低下。按历史数据测算,20%的涨跌幅相比现行的A股10%的涨跌幅限制,可以减少约80%的涨跌停现象。

(2)创设"价格笼子"机制。在连续竞价阶段,科创板设定了"价格笼子",即规定了限价申报的区间范围:买入申报价格时上限不得高于买入基准价格的102%,下不设底(但不能低于涨跌幅限制);卖出时下限不得低于卖出基准价格的98%,向上不封顶(但不能高于涨跌幅限制)。在市价申报、开市期间临时停牌阶段的限价申报则不受此规定限制。

科创板设置的价格申报范围限制,是指交易所为防范证券价格异常波动而制定"合理成交价格区间",并在盘中随买卖报价行情动态调整,当委托单的申报价格超出有效申报范围时,交易所系统将自动退回该委托单,防范交易以异常价格达成。价格申报范围限制借鉴了日本、我国香港地区等证券交易所的做法,是为保障市场平稳运行而引入的一项制度。为有效保护投资者合法权益,上交所对科创板市价申报的处理方式进行了优化,投资者在市价申报时需设置能够接受的最高买价或最低卖价(即为保护限价),当市场价格快速波动时,可以防止市价申报以超过投资者预期的价格成交,降低投资者的交易风险。

"价格笼子"将对偏离市场价格较大的高价买单和低价卖单等极端申报形成限制,在一定程度上抑制暴涨暴跌,且不会对正常理性申报产生太大影响。"价格笼子"设定为"2%浮动区间",可以防止个别机构和庄家用资金优势,在极短的时间里拉抬股价和打压股价。此外,在投资者保护方面,作为创新机制,"价格笼子"并不为境内投资者所熟知,其对瞬时"天地板"、盲目追涨杀跌的操作有直接作用。但受委托下单的流程影响,在价格快速、剧烈波动时,用户下单因为时滞而被动下"废单"的情况亦有可能出现。

(3)优化盘中临时停牌制度。盘中临时停牌主要目的是防炒作。上交所对A股已有的临时停牌机制进行了两方面的优化:一是放宽临时停牌的触发阈值,从10%和20%分别提高至30%和60%,以避免上市首日频繁触发停牌;二是缩短临时停牌的持续时间,目前A股首次停牌持续时间为30分钟,第二次停至14时57分,科创板将两次停牌的持续时间均缩短至10分钟,不会对连续交易造成不利影响。引入临时停牌机制,有助于给市场提供一段时间冷静期,缓和价格波动,提示投资者该股票价格已经达到较高水平,注意投资风险。

(4)增加非公开转让、配售两种股东减持方式。2020年7月3日,上交所发布了《上海证券交易所科创板上市公司股东以向特定机构投资者询价转让和配售方式减持股份实施细则》(以下简称《减持细则》)。此前,A股的减持方式主要是场内集中竞价减持、场外大宗交易减持、场外协议转让减持三种形式。本次《减持细则》的提出可以看作非公开转让、配售这两种新的减持方式的试验,是对现有减持制度的一次突破,也是对标发达资本市场实现制度升级的必要追赶,进一步把减持的定价权交还给市场。

首先,传统三种减持方式与科创板新增两种减持方式比较(见表3—6)。传统三种减持方式(大宗交易、协议转让、二级市场交易)限制相对较多,定价更多由协商决定。一是减持总额有所限制。大宗交易、二级市场交易方式要求在任意连续90日内,减持总数不得高于总股本的2%、1%。协议转让方式相对放开,且要求转让比例需高于总股本的5%,但股份的定价由出让方和受让方协商决定。二是以定价协商为主。大宗交易和协议转让方式的价格主要受当日涨跌幅限制(主板10%、科创板20%),由协商确定。二级市场交易方式的定价相对市场化,但可能对市场流动性产生一定影响。三是对于受让股份存在二次交易限制。为了防止大宗交易、协议转让中的套利行为,监管要求大宗交易6个月内不得再次转让,协议转让的,适用大股东减持规则。

表3-6　　　　　传统三种减持方式与科创板新增两种减持方式比较

转让方式	传统方式			新增方式	
	大宗交易	协议转让	二级市场交易	非公开转让	配售
减持限制	1. IPO时未盈利的,实现盈利前,重要股东及董监高上市前3个会计年度内,不得减持;第4、5个会计年度每年减持≤总股本的2% 2. 控制人前36个月内不得减持 3. 核心技术人员上市前12个月和离职后6个月内不得减持,且限售日满后4年内,每年减持不能超过25%,可累计使用				
数量限制	单笔≥30万股,或≥200万元 任意连续90日内,减持总数≤总股本的2%	单个受让方,比例≥总股本的5%	任意连续90日内,减持总数≤总股本的1%;非公开发行的,解禁后12个月内减持数量≤发行数量的50%	单独或合计转让≥总股本的1%	单独或合计转让≥总股本的5%
价格限制	有涨跌幅限制:当日涨跌幅 无涨跌幅限制:前收盘价±30%,或当日最高至最低价格间		符合二级市场涨跌幅限制	≥发送认购邀请书之日前20个交易日均价的70%	≥配售首次公告日前20个交易日均价的70%
受让股份再次转让限制	6个月不得再次转让	6个月内减持的,任意连续90日内,减持总数≤总股本的2%	—	6个月内不得再次转让	—

资料来源:根据上交所、兴业证券经济与金融研究院相关文件整理。

其次,非公开转让细则有利于推动市场化的定价机制。非公开转让以及配售受让方只可以是两类:一类是科创板首次公开发行股票网下投资者;另一类是已备案的私募基金管理人,且用于受让股份的相关产品已完成备案。《减持细则》中提出由不少于10家基金公司和5家证券公司参与,通过对拟受让方进行认购询价,以价格、数量、时间优先的原则确定最终转让价格,同时该细则对于价格下限有所控制,不得低于前20个交易日的70%。《减持细则》着力规范机构投资者独立性要求,禁止关联方参与非公开转让,即与拟出让股份的首发前股东、中介机构存在关联关系的机构投资者,不得参与非公开转让,避免转让双方通过关联方代持等方式,损害非公开转让的公平、公正及制度功能发挥。

最后,非公开转让有利于降低股份减持可能引发的流动性风险。将非公开转让的受让方限定为具备专业知识和风险承受能力的专业机构投资者,转让价格通过询价方式形成,旨在探索构建买卖双方均衡博弈下的市场化定价约束机制,发挥二级市场应有的定价功能,促进形成更合理的价格发现机制。目前科创板公司平均股东数为 23 000 户,创业板公司则为 27 000 户,较高的准入门槛使得科创板公司在原始股解禁后流动性对股价造成的压力更大。《减持细则》的推出能为原始股减持引入新的战略资金,非公开转让发生在股东和专业机构投资者之间,认购资金主要来源于增量资金,有利于降低股份减持可能引发的流动性风险。

(5)增加了盘后固定价格申报。盘后固定价格交易,指在收盘集合竞价结束后,上交所交易系统按照时间优先顺序对收盘定价申报进行撮合,并以当日收盘价成交的交易方式。收盘固定价格交易的交易时间是每个交易日的 15:05 至 15:30,即收盘后的 25 分钟内。上交所在每个交易日 9:30 至 11:30、13:00 至 15:30 两个时间段内接受交易参与者的固定价格交易申报,然后在收盘后按照当日的收盘价格对交易申请按照时间顺序进行撮合交易。接受申报的时间内,未成交的申报可以撤销。

盘后固定价格在交易形式上创新的同时,也给操纵市场牟利的不法行为带来了新的手段。由于盘后固定价格交易中成交价格固定为收盘价格,不会像传统撮合交易中买单和卖单的价格那样因为交易情况而实时波动,而是以一个固定的价格完成全部交易。这为操纵市场者拉升股票价格后的抛售提供了便利条件。操纵者可能在大盘交易未收盘时大量发布买单建仓,拉升价格的同时收储股票,并申报大量的盘后固定价格交易卖单;在盘后价格锁定期内抛售股票,实现资金退出。

(6)首次以业务规则的形式发布股票异常交易监控标准。交易所层面,上交所发布了《上海证券交易所科创板股票异常交易实时监控细则(试行)》,该细则以业务规则的形式公开股票异常交易监控标准,在境内和境外成熟市场的交易监管实践中尚属首次。这是上交所在设立科创板并试点注册制这一资本市场重大制度改革中,进一步落实证监会关于优化交易监管相关要求的一项具体举措。

(二)科创板交易制度的功能实现情况

1. 交易活跃度大于市场其他板块

从换手率指标看,科创板企业二级市场交易初期活跃度高于市场其他板块。新股上市首日交投活跃,月度首日平均换手率维持在 66%～78%的高位,高于同期市场其他板块新股月度开板日平均换手率(45%～62%)。与其他板块新股表现类似,科创板新股上市初期交投比较活跃,之后开始逐渐回归理性。

与市场其他板块新股上市满 3 个月后才可融券卖空不同的是,科创板股票自上市首日起便可作为融资融券标的,这有助于加速二级市场的价格发现。从融资融券比值来看,科创板多空力量更为均衡。科创板融资融券比值整体水平位于 1.0～4.8 倍,而同期非科创板比值高达 47.7～153.9 倍。

2. 开市初期交易火爆,后续交易量略有下滑

科创板开市之后,2019年7月25日首批上市的新股表现突出。很多个股股价创出新高,超过了上市首日的最高价,体现出投资者对于科创企业的投资热情高涨。在股价大幅上涨的同时,相关个股的换手率也持续高企,比如沃尔德周平均换手率达到55.51%,瀚川智能周平均换手率高达56.54%。2020年7月9日,国盾量子在科创板上市首日,开盘即大涨673.9%,发行价为36.18元,截至午间收盘股价达到352.96元,涨幅高达875%。

但自2020年8月开始,科创板的交易量开始部分下降。据上交所统计数据,截至2020年8月28日,相较于8月的第一个交易日,科创板成交量下滑45.45%。而成交金额方面,亦是下滑近50%。从成交数据来看,整个8月科创板无论是成交量还是成交金额均有下滑。自8月以来,科创板成交持续下滑,对比8月27日与月初首个交易日(8月3日)的交易数据来看,8月27日科创板成交326.16亿元,仅有月初成交额(669.91亿元)的48.69%;市盈率有所下降,8月27日平均市盈率为93.89倍,月初8月3日市盈率为108.14倍,流通市值换手率由月初的9.03%下降至4.75%。

与科创板的股票需求端下降相反的是,科创板股票供给端持续增加。截至2020年8月27日,科创板挂牌公司有160家,新增挂牌公司17家,与月初相比增幅11.89%。但科创板总市值与流通市值不增反降,截至8月27日收盘,科创板160家公司总市值2.8万亿元,相对月初下降6.83%;流通市值总计6 870.48亿元,相对月初下降7.37%。2020年7月14日,"科创50指数"创当年新高,随后一路下滑,中间虽有反弹但并未突破前高。截至8月27日,"科创50指数"报1 417.56,指数下挫304.42,跌幅17.68%。

3. 实践中出现部分异常交易,交易监管效果显现

2020年8月2日,上交所在《沪市市场运行情况例行发布(2019年8月2日)》中指出:"本周,沪市共发生28起证券异常交易行为。"其中,科创板4起(含拉抬开盘价、开盘集合竞价虚假申报和连续竞价阶段拉抬股价等),上交所对此及时采取了书面警示等自律监管措施。同时,上交所针对11起上市公司重大事项等进行核查,向证监会上报4起涉嫌违法违规案件线索。截至目前,科创板尚未出现因违规交易而遭到行政处罚的案例。

(三)对于科创板交易制度的完善建议

对此,我们主要有以下几项对策与建议:

1. 适时引入做市商制度

(1)引入做市商制度有助于价值发现。值得注意的是,在纳斯达克等成熟资本市场中,除成熟的电子交易系统之外,还存在发达的做市商制度。在纳斯达克交易所上市的公司,基本上每家都有两家以上的做市商为其报价。一般来说,每一个股票都有十余家做市商,某些交易活跃的证券甚至有40家以上的做市商。做市商通过不断的买卖,发布买卖价格,最大限度地保证了证券市场的流动性、有效性和公开性。英国AIM市场的交易制度也属于竞价交易和做市商交易的混合版,这有利于提升股票的流动性。《上海证券交易

所科创板股票交易特别规定》第十二条规定:"(科创板)条件成熟时引入做市商机制,做市商可以为科创板股票提供双边报价服务。"

2020年5月29日,上交所就两会期间代表委员关于资本市场的建议作出回应,对于科创板的下一步工作,上交所表示科创板将适时推出做市商制度,引入单次"T+0"交易,目的在于保证市场的流动性,从而保证价格发现功能的正常实现。

相对于竞价交易,做市商制度定价更准确、流动性更高,缺点在于交易成本较高且难以形成对做市商的有效监管。一方面,证券的正确定价要求信息披露真实、完整、准确和及时,做市商凭借信息优势,在某种程度上能更准确地为证券定价,进而提高市场效率;另一方面,投资者能够直接与做市商进行交易而无须寻找对手方,提高了市场流动性。除此之外,做市商有责任在股价剧烈波动时参与做市以维稳市场,做市商之间的竞争也有助于维持市场的稳定性。但是,首先,做市商自负盈亏参与做市业务将增大风险,可能造成市场交易成本有所上升。其次,做市商拥有的信息优势将导致信息不对称的问题,不利于保护投资者利益,且做市商可能通过协同报价的方式来扩大买卖差价增厚受益,加大了监管难度,因此科创板注册制试点之初并未引入做市商制度。

我国新三板于2014年8月引入做市商制度,但是由于做市商数量偏低无法形成有效竞争,叠加投资者规模有限,做市商制度并未明显提升新三板的流动性和交易效率。一方面,做市商之间的报价竞争可以防止挂牌公司股价偏离实际值,促进市场公平公正。但新三板的做市商总数较少,平均每只股票的做市商个数偏低,未能达到充分竞争的效果。截至2020年5月28日,新三板做市券商有93家,平均每只股票的做市商仅为4家,而纳斯达克平均每只股票的做市商数量在10家以上,某些交易较为活跃的股票达到40~45家。另一方面,新三板投资者规模较小,板块交易活跃度不高,成交量和成交额一直处于较低位置,做市商很难找到对手方。因此,做市商制度在新三板中发挥的作用相对有限。

与新三板有所不同,科创板自正式开板交易以来一直维持较高的活跃度,引入做市商制度有助于板块的合理定价,同时有利于优质的创新型企业融入资金。科创板自2020年初以来日均成交额为187.3亿元,日均换手率近10%,交易活跃度明显高于新三板。引入做市商制度一方面有助于科创板定价趋于合理,在一定程度上能够抑制估值过高的现象;另一方面,新兴产业公司由于前期投入较大、收入利润较少,容易被市场错杀,做市商可凭借信息和专业方面的优势减少此类现象发生,有助于创新型企业的价值发现。

(2)引入做市商需完善相关配套制度。科创板做市商制度的引入实施,也需要完善相关配套制度。相比于A股市场,科创板上市企业市值通常更小,做市场数量更少,做市商操纵市场相对而言难度亦更小。在科创板引入做市商制度可能导致做市商操作价格的问题。例如,2015年8月6日至11月25日,新三板企业上海易所试网络信息技术股份有限公司(简称易所试)与中泰证券股份有限公司(简称中泰证券)合谋,通过中泰证券做市交易在二级市场买入拉抬易所试股价,之后将买入的股票卖给易所试方面操控或安排的4

个账户,易所试在此期间通过公告利好消息、向投资者推荐等方式,拉抬易所试股价。而科创板交易相比于新三板更活跃,这一问题也可能变得更加突出。因此,引入做市商需根据科创板的特征完善相应的监管制度。

2. 条件成熟时可引入单次"T+0"交易制度或取消涨跌停限制

(1)"T+1"的优势与风险。在成熟市场,"T+0"是较为通行的交易机制。从中国股市的发展方向来看,实行"T+0"是未来的趋势,主要的争议在于现阶段的A股是否具有实行"T+0"的条件,到哪一阶段A股才能实行"T+0"。

"T+0"交易的优势较为明显,对于投资者来说,"T+0"允许及时纠错,可根据行情变化及时调整投资行为,锁定交易利润或避免损失扩大;对于市场来说,"T+0"可以活跃市场,提升市场资金利用率,也有利于我国与国际资本市场接轨。

对于"T+0"潜藏的风险,最主要的观点是"T+0"容易造成市场大幅波动。1992年12月24日,上交所推出了"T+0",当日沪指大涨了3.63%,此后沪指开启了连续上涨走势,至1993年2月16日,36个交易日内沪指从730点左右一路涨至1 558点,翻了一倍多。央行的《中国金融稳定报告(2014)》指出了"T+0"交易的三大潜在风险,包括诱发结算风险、加剧市场波动以及增加市场操纵风险。其中提出,"T+0"可能诱使投资者更加频繁地参与证券的买卖,同一笔资金在一天内的多次买进卖出,在增加市场交易量的同时也虚增了资金供给,对证券价格具有助涨助跌的效果,加剧了市场波动。

证监会于2019年6月回应科创板为何没有引入"T+0"时称,在现阶段引入"T+0"制度可能引发三大风险,包括加剧市场波动,不利于投资者利益保护,为操纵市场的行为提供了空间。目前我国A股市场换手率较高,"炒小、炒差、炒新"的现象还比较普遍。据统计,2018年1月1日起至2019年5月17日,我国A股换手率达819%,日均约2.9%。同期,上市美股换手率约为344%,日均约1.12%;港股换手率为62%,日均约0.25%,A股换手率远高于境外市场。引入"T+0"制度可能诱使中小投资者更加频繁地交易股票,虚增了市场中的资金供给,对证券价格产生助涨助跌的效果。另外,在"T+0"的交易制度下,股票可以在一个交易日内多次换手,频繁交易为操纵市场的行为提供了更多便利。

我国台湾市场1985年前曾允许"T+0"交易,但因风险过大,于1985年7月禁止,直到1994年各方面条件和环境成熟后才逐步放开。美国虽允许投资者进行"T+0"交易,但在制度层面上也设置了较高的参与门槛,以避免风险承担能力不足的投资者参与此类信用交易,并防止投资者因过于频繁的交易导致较大损失而给证券公司乃至结算体系造成风险。

(2)科创板可尝试单次"T+0"或放开涨跌停限制。证监会曾表示,"T+0"交易制度能够有效运行,需要有合理的投资者结构、适当的对冲工具以及完善的交易监控手段的共同保障。现阶段,我国资本市场仍不成熟,投资者结构中中小散户的占比较大,单边市的特征未发生根本改变,市场监控监测手段仍不够充足。科创板从维护市场稳定运行和保护中小投资者的利益出发,暂未引入"T+0"的交易制度。

A股个人投资者占比较大,个人投资者对企业基本面缺乏中长期的研究和判断,对政策刺激措施更为敏感,往往存在情绪化、交易频繁等投资特征。

目前,科创板进一步提高了投资者门槛,投资者结构相比于A股有很大改善,机构投资者占比进一步加大;新《证券法》以及《刑法修正案(十一)》为加大造假处罚、保护中小投资者利益奠定了制度基础,给"T+0"制度进一步落地营造了良好的条件。在科创板已经放松了对涨跌幅度限制的情况下,可以考虑在科创板先行试点进一步放开的制度,例如推出单次"T+0",即同一只股票当天只能买卖一次,或放开涨跌幅度限制,同时进一步观察、总结出现的新情况,进一步完善监管措施,为以后逐渐放开"T+0"做好准备。

3. 不断完善科创板指数体系,丰富投资品种

科创板指数的适时推出,将能更加及时且直观反映该板块上市证券整体表现,其良好的投资属性也能催生更多指数基金产品及其他衍生产品,为投资者提供更加丰富的投资品种,进而引入更多增量资金。此外,指数的推出还有利于形成具有市场影响力的一批龙头公司的良好示范效应。2020年6月19日,上交所正式对外公告"科创板50指数"的编制方案,表示将于2020年7月22日收盘后发布"上证科创板50成份指数"历史行情,7月23日正式发布实时行情。为适应板块快速发展阶段的特点,我们建议在一些核心的、有代表性的、优质科创板企业上市,以满足相应时间要求,在供求趋于平衡、价格博弈逐渐均衡之后,再经过筛选入池,后期依据各项指标的跟踪不断更新,并不断完善科创指数体系。相关指数推出之后,建议择机发ETF基金,鼓励基金公司出借其ETF中的科创板个股,不断丰富投资品种。

4. 构建更加完善的科创板企业价值发现体系

科创企业生命周期的突出特征是多为初创或成长期企业,产业发展趋势、技术演进趋势以及行业竞争格局迭代变化快,而且科创企业生产要素组成和推动增长的动力模式与传统企业差别迥异,诸如技术、数据、发明专利、人才研发团队等要素在科创企业总资产中的占比较高。而这种资产形态估值难度大或估值的市场波动较大,不像固定资产,如房地产、土地等有较为完善的市场评估体系。因此,如何对科创板企业进行合理的定价,是需要监管体制和市场共同解决的重要问题。若就资本市场体制建设角度而言,则建议逐步建立起更加健全的双边市场,既有利于更充分地发现科创企业的价值,也有助于投资者在高波动的市场中及时对冲风险。未来在合适时机推出科创板指数之后,可以逐步推出科创板股指期货和期权、ETF基金,也可以研究个股期权的可行性。此外,应根据市场发展的需要不断完善双融制度、丰富科创板投资品种。

四、科创板投资者保护与市场保障制度的运行情况与实施评估

科创板试点注册制以来,相关市场的投资者保护及市场保障制度体系也进行了一系列较大的改革与创新,我国证券市场的事后监管及投资者保护制度日趋完善。

(一)关于科创板投资者保护与市场保障制度的基本评估

1. 体系架构

(1)投资者保护制度。

一是基础法律层面,除原有的证券市场违法违规监管制度外,此次《证券法》修订增设了"投资者保护"专章。"投资者保护"专章明确,投资者适当性管理,要求证券公司向投资者销售证券、提供服务时,应当按照规定充分了解投资者的基本情况、财产状况、金融资产状况、投资知识和经验、专业能力等相关信息,并如实说明证券、服务的重要内容,充分揭示风险,销售、提供与投资者状况相匹配的证券、服务。同时,投资者提起虚假陈述等证券民事赔偿诉讼时,可能存在有相同诉讼请求的其他众多投资者的,人民法院可以发出公告,说明该诉讼请求的案件情况,通知投资者在一定期间向人民法院登记。人民法院作出的判决、裁定,对参加登记的投资者发生效力。投资者保护机构若接受了五十名以上投资者委托,则可以作为代表人参加诉讼,并为经证券登记结算机构确认的权利人向人民法院登记,但投资者明确表示不愿意参加该诉讼的除外。此外,新《证券法》还明确了先行赔付、证券纠纷调解等法律地位。普通投资者和证券公司若发生证券业务纠纷,普通投资者提出调解请求的,则证券公司不得拒绝。

二是司法层面,最高人民法院于 2020 年 7 月 31 日发布的《关于证券纠纷代表人诉讼若干问题的规定》与《证券法》、《最高人民法院关于审理证券市场因虚假陈述引发的民事赔偿案件的若干规定》、《全国法院民商事审判工作会议纪要》(关于证券虚假陈述的部分)、《全国法院审理债券纠纷案件座谈会纪要》,共同搭建起中国证券集体诉讼的法律框架。

(2)市场保障制度体系。

一是基础法律层面,《证券法》的修订大幅提高了违法违规成本,同时增设了"信息披露"专章。新修订的《证券法》较大幅度地提高了行政罚款额度和高违法行为成本。具体为:有违法所得的一律没收,并大幅度提高罚款数额,其中,欺诈发行最高罚至二千万元;已经发行证券的,处以非法所募资资金金额百分之十以上一倍以下的罚款,对直接负责的主管人员和其他直接责任人员,处以一百万元以上一千万元以下罚款。"信息披露"专章明确,信息披露义务人披露的信息,应当真实、准确、完整,简明清晰,通俗易懂,不得有虚假记载、误导性陈述或者重大遗漏。同时,新《证券法》还强化了董监高的责任,规定发行人的董事、高级管理人员应当对证券发行文件和定期报告签署书面确认意见,监事会应当

对董事会编制的证券发行文件和定期报告进行审核并提出书面审核意见。发行人的董监高要保证信息披露义务人及时、公平的披露信息,所披露的信息真实、准确、完整。

二是证监会规章层面,除原有的行政处罚措施外,证监会发布的《关于在科创板注册制试点中对相关市场主体加强监管信息共享完善失信联合惩戒机制的意见》加强了对证券市场违法的信用监管手段。

三是交易所制度层面,科创板进一步完善了退市制度,丰富、细化了退市标准。

2. 创新与亮点

(1)从司法机制层面进一步加强投资者保护。2019年6月21日,《最高人民法院关于为设立科创板并试点注册制改革提供司法保障的若干意见》(以下简称《若干意见》)正式发布,进一步强化了注册制下司法层面的投资者保护制度。

一是明确证券公司诱使不适合投资者入市交易的民事责任。投资者适当性管理义务的制度设计是为了防止投资者购买与自身风险承受能力不相匹配的金融产品而遭受损失。为此,科创板设有投资门槛,对于证券公司在为投资者提供科创板开户服务时,降低投资门槛,诱使不适合投资者入市交易的,《若干意见》第十一条规定,对证券公司因未履行投资者适当性审查信息披露及风险揭示义务,给投资者造成了损失的,人民法院应当判令证券公司承担赔偿责任。

二是完善证券民事诉讼体制机制,降低投资者诉讼成本。为克服证券侵权案件中原告众多、分散、维权能力不足的问题,《若干意见》第十三条引导投资者用足用好"代表人数总制度",鼓励国务院证券监督管理机构设立的证券者保护机构代表投资者提起诉讼,并代为参加案件审理活动,支持证券投资者保护机构开展为投资者提供专门法律服务等证券支持诉讼工作。最高人民法院还大力推进信息化建设,实现证券案件网上无纸化立案和群体性诉讼立案便利化,依托信息平台,完善群体诉讼统一登记制度,解决"四个原告"权利登记代表人推选等问题。为便利胜诉投资者及时拿到赔偿款,最高人民法院推动建立了投资者保护机构辅助参与生效判决执行的机制,积极配合相关部门和有关方面探索行政罚款、刑事罚金优先用于证券民事赔偿的工作衔接和配合机制。

三是完善配套司法程序,提高投资者的举证能力。在证券民事诉讼中,相对于违法违规主体,投资者在取得和控制关键证据方面往往处于弱势地位。为此,《若干意见》第十四条要求,各级法院探索建立律师民事诉讼调查令制度,便利投资者的代理律师行使相关调查权,提高投资者收集证据的能力;研究探索适当强化有关知情单位和个人对投资者获取证据的协助义务,对拒不履行协助取证义务的单位和个人依法予以民事制裁。特别需要说明的是,以上保护投资者合法权益的司法举措,不仅仅适用于科创板投资者,对证券市场主板、中小板、创业板等其他投资者维权案件也一样适用,有利于全面加强投资者合法权益的司法保护。

(2)特别代表人诉讼及示范诉讼制度大幅提高了维权效率。代表人诉讼分为普通代表人诉讼和特别代表人诉讼。普通代表人诉讼是依据《民事诉讼法》第五十三条、第五十四条和《证券法》第九十五条第一款、第二款提起的诉讼,由索赔投资者作为代表人参加诉讼。特别代表人诉讼是指一定数量的投资者委托投资者保护机构作为代表人参加诉讼。示范诉讼是代表人诉讼与集团诉讼的中间形态,其相对于传统代表人诉讼更加注重效率,但既判力仅及于登记的诉讼参与人,并不能当然适用于没有参加诉讼的其他主体。

关于示范诉讼的优势,一是保障司法审判的专业性。证券投资市场纠纷对裁判者专业的要求较高,主要在于涉及的专业问题往往存在争议,如上市公司是否存在虚假陈述事实、虚假陈述是否构成重大虚假陈述、相关投资行为是具有合理商业目的还是以操纵市场为目的、计算投资损失时应当如何排除市场系统性风险等问题都是常见的争议焦点。仅靠司法机关的专业力量难以应对,因此往往需要求助专业人员提供支持。在示范诉讼制度下,承办示范诉讼的法院通常是层级较高、专业性较强的法院,这些法院由于资源的倾斜更容易获得专家的支持,自身专业性也更强。由示范诉讼法院将案件中最难的部分提取出来进行认定,可以很大程度上保证后续案件的专业与公平,统一裁判尺度,并且一旦发现错误,也可以及时通过上诉程序纠正,以避免批量错案。

二是便于对接调解程序。近年来,由于案件数量激增、索赔金额非常高,双方当事人对相关法律问题又存在较大争议,原被告双方当事人在法院主持下达成调解协议或自行和解的难度加大,和解或调解比例很低。因此,解决争议是调解工作中的重中之重。若能在批量处理投资者的诉讼案件之前先由有权机关对案件中的争议事实作出认定,既可以定纷止争,又能给双方当事人提供一个稳定的心理预期与谈判框架,将会极大地有利于上市公司与投资者通过调解解决纠纷。示范诉讼避免了法院首次立案即处理全国成千上万投资者的立案登记,将后续案件的工作量部分下发至调解程序,有利于促进纠纷多元化解决机制的建立。

三是节约司法资源。相比于传统的代表人诉讼,示范诉讼中法院对于事实部分认定可以当然适用于同类案件,在一定程度上扩张了判决的适用范围。示范诉讼作为解决类似案件的范例下发后,司法机关不必再将全国各地的同类案件都集中至同一个法院管辖,有效地将案件的数量压力分散至全国各地,避免了单个案件短期内大量占用单个法院的司法资源,或因管辖案件的司法机关人手不足而导致案件拖延。同时,由于示范诉讼制度下便于对接调解程序的优势,从实质上更有效地达到了节约司法资源与降低投资者维权成本的目的。

综上,示范诉讼是基于我国目前国情处理证券欺诈民事纠纷的有益尝试,其有制度构建的必要性和可行性基础,可以有效化解当下亟待解决的净化资本市场、维护中小股东权益的司法需求与有限司法资源之间的矛盾。

(3)投资者保护机构职能进一步加强。《证券法》第九十五条第三款规定,投资者保护机构受五十名以上投资者委托,可以作为代表人参加诉讼,其正式确立了特别代表人诉讼制度。特别代表人诉讼制度首要的特别之处在于代表人为投资者保护机构。

根据证监会发布的通知所释,投资者保护机构主要指投服中心及中国证券投资者保护基金有限责任公司,而按照目前的分工安排,投服中心自成立以来即立足于投资者诉讼维权、持股行权、纠纷调解等方面来开展工作,在示范引领中小投资者维权领域具有坚实的基础,因此,现阶段主要肩负具体参加代表人诉讼的投保机构是投服中心。与此同时,投保基金公司将主要着力于数据分析、损失计算、协助分配等工作,与投服中心形成互补,共同配合做好落实参与特别代表人诉讼的工作。

一是牵头提起维权诉讼。在代表人诉讼、示范诉讼乃至以后的集团诉讼中,首次牵头起诉的投资者都将承担最高的维权成本。这种现象很可能导致投资者出于"搭便车"心理不采取维权行动,而是选择等待他人率先维权后自己再从中收益,从而使维权陷入集体行动的困境。

若能在上市主体发生严重的违规行为时使投服中心成为法院诉讼与投资者之间的纽带,使投资者先在投服中心进行登记,再由投服中心进行核实与汇总并进行初步调查,那么当法院登记人数较多或确有严重违法迹象时,投服中心就可以以股东的身份率先发起投资者维权诉讼,将首次起诉投资者的高额维权成本转由投服中心承担,以弥补示范诉讼中投资者成本较高的局限性,打破投资者的集体行动困境。投服中心提起的维权诉讼也为示范诉讼提供了案例。

二是利用股东权利监管市场主体。投服中心持有所有证券板块交易的上市公司股票,故上市企业或中小投资者出现不规范行为时,投服中心便可以以自己的名义实行股东权利并加以约束,利用现有规则实现股东内部的自我监督,同时保护中小投资者的利益。投服中心的这种"自治性",决定了其有着不同于行政职权的股东权利。作为上市公司市场营利主体的股东,应严格遵守与利用外部法律法规以及上市主体内部公司章程和规章制度。一旦被发现有违规行为,投服中心就可以对涉嫌违规上市主体进行质询,提出意见或建议,并且鼓励中小投资者对其进行监督,相互制约。同时投服中心一方面能将中小投资者的个人利益上升为集体表达,另一方面又能把握、控制这些利益,限制、规范、教育中小投资者,消除破坏团体利益和社会公共利益的行为。

(4)依托示范判决的纠纷调解机制可进一步降低维权成本。目前,投服中心已经与全国35个辖区39家中高级人民法院建立诉调对接机制,并将继续与全国各地人民法院紧密合作,复制推广"示范判决+纠纷调解"的机制,充分发挥该机制的"节约司法资源、统一法律适用、降低投资者维权成本"等制度优势,推动群体性纠纷妥善化解,切实保护中小投资者合法权益。

小额速调机制是最高人民法院和中国证监会《关于全面推进证券期货纠纷多元化解机制建设的意见》中确定的纠纷多元化解的重要创新机制。投服中心创设的小额速调机制是一种快速、便捷、高效的纠纷解决机制,它鼓励证券、期货、基金等市场经营主体基于自愿原则与调解组织事先签订协议,对于金额在1万元以内的纠纷承诺无条件接受调解组织提出的调解建议方案。

小额速调是投服中心落实"枫桥经验",根据我国资本市场新形势所创设的一种快速化解小额纠纷的新机制,是证券期货纠纷多元化解机制建设的重要创新成果。这一机制既具有广泛的现实需求,又具有重要的现实意义,它在调解原则上谨守"依法、专业、中立",但在程序上适当向中小投资者倾斜,是践行资本市场人民性的具体体现。截至目前,该机制已成功推广至全国34个辖区,覆盖179家证券期货基金及投资咨询法人机构,证券、期货、基金、投资咨询公司等市场经营主体亦签约加入,为证券期货纠纷多元化解机制建设做出了积极贡献。

(5)市场保障制度层面,退市指标更加丰富、严格。在科创板实行注册制的条件下,企业上市更为容易,但也必须继续完善退市规则,使上市企业"有进有退",避免各种"保壳""炒壳"现象的发生。为此,科创板在退市制度设计方面进行了大胆的革新,完善了退市指标体系,简化了退市程序,取消了"暂停上市"和"恢复上市"环节,强化了退市主体责任。此次科创板改革增加了退市的类型种类。在原来的财务类强制退市、重大违法强制退市等情形之外增加并完善了交易类强制退市、规范类强制退市、主动退市等情形。

一是财务类强制退市指标进一步优化。首先,财务指标更加强调企业持续经营能力,不再采用单一定量指标。其设置了关于不再具有持续经营能力的定性标准,为判断丧失持续经营能力企业的经营和财务特征提供了重要依据,也给予了交易所在落实退市制度方面更强的执行力。其次,直接引入扣非归母净利润指标,缩短了时间跨度。就上交所主板而言,目前的制度设计为:最近两个会计年度经审计的净利润连续为负值或者被追溯重述后连续为负值,将实行风险警示;下个会计年度经审计的净利润继续为负值,则将暂停上市;暂停上市后,下个会计年度净利润和扣除非经常性损益后的净利润均为正值才可恢复上市,否则就要终止上市。在企业还没有被实施风险警示或暂停上市之前,该制度设计的考量标准为经审计的净利润。这也导致实践中不少企业通过卖房子、卖资产等业绩粉饰方式规避净利润的退市红线。

在科创板的制度下,如果连续两个会计年度扣除非经常性损益之前或之后的净利润为负的,就会触发退市。一方面,企业从被实施风险警示到最终退市,时间从原来的4年缩短至2年,加快了整体退市进程。另一方面,上市公司无法再通过处理亏损资产、可回转的资产减值、政府补助、应收账款冲回与转让等方式来实现保壳。

二是交易类退市指标进一步丰富。相较于主板、中小板及创业板,科创板在退市标准上构建了成交量、股票价格、股东人数和市值四个类型的市场指标,特别是首次引入了市值指标。一旦上市公司出现连续120个交易日实现的累计股票成交量低于200万股,或连续20个交易日股票收盘价低于股票面值,或连续20个交易日股票市值低于3亿元,或连续20个交易日股东数量低于400人的情形之一,上交所即决定其终止股票上市。市场指标能综合反映上市公司的真实内在价值,从规则层面对其进一步的完善,也充分体现了市场化导向的监管思路,更有利于发挥市场机制作用。

三是规范类强制退市进一步细化。规范类退市指标方面,在现有未按期披露财务报告、被出具无法表示意见或否定意见审计报告等退市指标的基础上,增加了信息披露或者规范运作方面存在重大缺陷等合规性退市指标。同时,上市公司在信息披露或者规范运作方面存在重大缺陷的,应当由上交所根据上市委员会的审议意见作出认定。这一规定赋予了上交所自由裁量权,上交所可以结合信息披露及规范运作的相关规则,就是否属于重大缺陷进行自主判断。将信息披露的重大缺陷作为退市指标之一,进一步提高了对上市公司信息披露持续合规的要求,也突出了以信息披露为中心的监管理念,强调了合规运营。

四是重大违法违规行为标准进一步明确。上交所及证监会各自陆续出台了适用于不同板块的审核问答,对重大违法违规行为标准提供了更为细致的指引。例如,《上海证券交易所科创板股票发行上市审核问答》中明确了"重大违法行为"的标准,即最近3年内,发行人及其控股股东、实际控制人在国家安全、公共安全、生态安全、生产安全、公众健康安全等领域,存在以下违法行为之一的,原则上视为重大违法行为:①被处以罚款等处罚且情节严重;②导致严重环境污染、重大人员伤亡、社会影响恶劣等。有以下情形之一且中介机构出具明确核查结论的,可以不认定为重大违法:①违法行为显著轻微、罚款数额较小;②相关规定或处罚决定未认定该行为属于情节严重;③有权机关证明该行为不属于重大违法。但违法行为导致严重环境污染、重大人员伤亡、社会影响恶劣等,并被处以罚款等处罚的,不适用上述情形。

五是对研发型企业做出了特殊安排。研发型企业的主要业务、产品以及核心技术是其最重要的市场价值指标。若面临研发技术失败、研发技术被禁用等情况,则研发型企业的市场价值将受到严重影响,对其及时采取退市措施,有助于更好地维护市场秩序,保护投资者利益,体现了制度的精细化、针对性。此次增加研发型企业的退市特殊安排,符合研发型企业的市场及行业特点,是此次科创板上市规则的一大变化与亮点所在。

(二)科创板投资者保护与市场保障制度的功能实现情况

1. 特别代表人诉讼制度已开始落地实施

2020年3月1日起施行的《证券法》新增了证券民事赔偿代表人诉讼。最高人民法院之后又陆续发布了《最高人民法院关于证券纠纷代表人诉讼若干问题的规定》等细则。目前,特别代表人诉讼已有了首批案例。2020年3月13日,杭州中院刊登公告宣布,在自然人投资者诉"五洋债"虚假陈述索赔系列案件中,采取的是人数不确定的代表人诉讼方式来审理该案,并通知了相关权利人在规定期限内向法院登记。该起案件是全国首例公募债券欺诈发行民事赔偿案、全国首例公司债券欺诈发行民事赔偿案,也是中国证券民事赔偿制度建立以来涉诉金额最大的案件,同时还是新《证券法》中所明确的代表人诉讼制度的首个案件。但关于特别代表人诉讼的具体实施效果、问题及利弊,还需特别代表人诉讼制度进一步落实推广后方能初见端倪。

2. 投服中心功能发挥已初见成效

截至2020年4月底,投服中心提起支持诉讼24起(其中已受案21起,提交申请材料等待立案3起),股东诉讼1起,拟诉案件21起。支持诉讼诉求总金额约1.14亿元,获赔总人数571人,获赔总金额约5 460.7万元。其中,判决获赔人数397人,获赔金额5 038.5万元;和解获赔人数174人,获赔金额422.2万元。此外,投服中心以股东身份提起诉讼1起,法院最终支持了投服中心关于确认公司相关决议无效的诉讼请求。

截至2020年4月底,投服中心已接受全国9家法院虚假陈述损失核定委托,涉及14家上市公司、5 000位以上投资者,涉及金额超10亿元。

3. 关于退市制度的运行效果

鉴于目前科创板仅开市一周年,上市企业尚未走完整个生命周期,尚无企业退市,故关于退市制度的运行效果仅能从理论上进行分析。结合本次《上海证券交易所科创板股票上市规则》(以下简称《上市规则》)的内容,科创板的退市制度在标准、程序以及执行上都更加严格,具体可能产生影响的方面包括:

(1)通过出售资产保壳等现象将难以延续。"扣非净利润为负"作为退市指标被写进《上市规则》之中后,连续两个会计年度扣除非经常性损益之前或之后的净利润为负的,就会触发退市。因此,通过出售资产等与正常经营业务不相关的交易来实现保壳,已经无法被科创板上市企业所采用。一旦主营业务出现危机,上市企业很可能因为财务指标不达标而被强制退市。

(2)市场优胜劣汰效应更加明显。除了现行的退市规则制度中对于成交量、收盘价等的要求,《上市规则》还新设了对于市值指标的考核:连续20个交易日股票市值低于3亿元的上市公司,将被上交所终止股票上市。在交易类指标进一步完善的前提下,市场对于企业"优胜劣汰"的效应会更加明显。若上市企业出现经营、规范运作等方面的问题,则市场可能会直接在企业股票的交易上作出反应;如果市值长期处于低位,则可能使企业被迫触发交易类强制退市指标。在这样的制度设计下,市场对于企业退市的主动性与影响力进一步增强。

(3)有利于促进上市企业加强信息披露。《上市规则》在原有退市指标的基础上,增加了信息披露或者规范运作存在重大缺陷等合规性退市指标。公司在信息披露或者规范运作方面存在重大缺陷,被交易所责令改正但未在规定期限内改正,此后公司在股票停牌两个月内仍未改正的,交易所可以实施退市风险警示,无法满足交易所规定的自救情形的,将被退市。注册制是以信息披露为中心的股票发行上市制度,因此,上市公司应当提高信息披露质量,让投资者在信息充分的情况下做出投资决策。引入信息披露质量与规范运作强制退市与上述注册制的核心构想是相呼应的,这也将促使上市公司在信息披露与规范运作上更为规范。

(4)退市周期缩短,程序简化。根据《上市规则》,上市公司触及终止上市标准的,股票直接终止上市,不再适用暂停上市、恢复上市、重新上市程序。这对科创板上市公司将形成更强有力的震慑,企业上市后应更注重自身质量。

(三)对于科创板投资者保护与市场保障制度的完善建议

对此,我们主要有以下几项对策与建议:

1. 在现有示范诉讼基础上,进一步构建适应我国国情的集体诉讼制度

(1)目前实施的示范诉讼制度仍有局限性。示范诉讼制度的建立主要解决了裁判者专业性的问题,但未能在实质上扩大前案裁判结果的适用范围,不能满足节约司法资源与中小投资者维权成本的需求,从而在根本上实现节约司法资源的目的。就减轻法院工作量的角度而言,示范诉讼制度的建立更多的是保证了前案裁判的专业性,但并没有让司法机关从一人一案导致的繁重文书、送达等程序性工作中解脱出来。司法机关的工作总量实际上并未减少,只是承担工作的法院由一个变为多个。在传统的证券虚假陈述代表人诉讼中,前案的判决在法律上虽不能当然适用于后案,但后案法院在审理时一定会参考前案的判决结果与损失计算方式。如果前案没有重大瑕疵,那么后案法院几乎一定会参照前案的判决内容进行认定。因此,实质上前案的既判力是及于后案的。在事实认定方面,示范判决也未能真正的减轻司法机关工作量并节约司法资源。

投资者维权成本方面,在示范诉讼制度并不能免去中小投资者的诉讼程序负担下,投资者就平行案件的立案仍需负担起诉立案等流程工作。由于证券市场侵权具有小额多数的特点,相较于几千元数万元的损失,收集证据、起诉仍是较难承受的高昂成本。在示范诉讼制度下,诉讼负担并未降低到足以保护绝大多数中小投资者的程度,仍然会有一大批中小投资者因为诉讼成本的原因导致放弃维权。这既不能切实保护中小投资者的利益,也不能对违规企业形成足够的威慑。

综上,在节约司法资源、减少投资者维权成本这一议题下,示范诉讼不应当是我国投资者救济制度的终极形态。建立更有效率的集团诉讼制度促使上市公司自觉遵守证券市场规则,保护弱势群体合法权益,是构建社会主义和谐社会、强化实体法实施的需要,在推动我国证券市场国际化、抵御外来风险以及塑造我国对外开放的良好形象上亦有着不可低估的作用。

(2)关于退出制集团诉讼的展望。上述传统代表人诉讼与示范诉讼都属于加入制集团诉讼的范畴,当事人如果想适用裁判结果,就必须在诉讼开始前明示加入。这样虽能部分地节约司法资源,但在提高效率、保护弱势群体方面都不具有一揽子解决问题的效果。退出制集团诉讼(简称集团诉讼)通过法律将具有同一法律关系的众多当事人拟制为一个集团,当一个或者多个权益受侵害中小股东代表整个集团提起证券民事诉讼时,无论集团成员是否加入诉讼,法院最终的判决都会对集团所有成员产生效力。如果成员不想受到

裁判的拘束,则必须明示退出。

从本质上来看,是否应当推广集团诉讼,是关乎一个人的法律权利是否应当在不经过自己同意的情况下被确定与被强制参加诉讼的"程序保障"问题。目前学界对退出制赞同的意见大致有:被告可以更具体的知道自己在以后的单独诉讼中可能要面对多少集团成员;退出制度为那些在社会上、智力上或心理上处于劣势的,因此不能采取积极的措施加入诉讼的人提供了接近司法救济的机会;提高效率,避免了重复诉讼;有效地保证了被告对自己所造成的危害进行全面的赔偿估计,而不是因为许多集团成员没有加入诉讼而逃避这种结果。反对的意见大致是:一个人可以不经过他人的明确授权就代表他人进行诉讼的做法有违意思自治原则;部分股东和律师出于自己的利益引发滥诉或对上市公司进行"合法勒索";集团诉讼容易引发群体性事件。

我们赞同前一种观点,我国有必要将退出制证券集团诉讼制度移植到现有的法律体系中,同时结合我国的法律和资本市场的特点弃其糟粕,避免由制度带来的弊端。

一是引入集团诉讼的必要性。由于上述原因,作为集团诉讼中间形态的示范诉讼并不能真正满足保护弱势群体、威慑企业遵守规则的需求。没有一揽子解决问题的手段,维权永远存在门槛,损失偏低的中小投资者必然缺乏积极行动的动力;中小投资者的权益难以救济,就会导致赔偿金额远远低于实际造成的损失数额,也难以对上市企业形成强有力的威慑。没有哪个领域的侵权比证券市场民事侵权时更容易造成"小额多数"的侵权损害结果的发生。同时也没有哪种证券群体民事诉讼制度比退出制证券集团诉讼对"小额多数"的救济效率更高。因此,集团诉讼被认为是解决证券市场民事侵权的终极途径。

二是集团诉讼的弊端与完善。集团诉讼可分为非营利组织主导诉讼模式和律师主导诉讼模式,对非营利组织主要诉讼模式来说,我国主要依靠的是中证中小投资者服务中心提起的公益诉讼。此外,证券公益诉讼的主体还主要包括检察机关和证券业协会、证监会等。在举证方面应当采用举证责任倒置,即作为消费者的原告仅需提供自身合法权益或遭受损害的事实的初步证据便可提起证券公益诉讼;在必要的时候还可以采用激励机制缓解证券公益诉讼存在的懈怠状态,或者通过设置约束机制保障公益诉讼的合理开展。

对律师主导诉讼模式而言,由于证券集团诉讼具有影响大、高收益的特点,国外通常是吸引专业的律师主动积极参与进行风险代理,前期诉讼费用通过律师垫付并积极向受害中小股东宣传提起诉讼,这极大地减轻了中小股东诉讼资金成本和精力成本,发挥了司法对社会经济的引导作用。但反对者认为该制度不适合中国的国情,原因是我国证券虚假陈述案件投资者数量过于庞大,而集团诉讼在原告人数上的不确定会给法院带来非常大的工作难度。因此,现阶段可以通过非营利组织主导诉讼模式作为过渡。

(3)充分利用技术手段提高效率。在各种制度的讨论过程中,除了就制度本身的优劣在进行探讨之外,在法律层面重视并应用技术手段以提高效率对解决问题往往有巨大甚至是决定性的作用。上海市各区法院近期推行的网上立案、微信立案就是在法律层面重视技术的优秀示例,解决了多年来各个法院立案窗口工作量大、立案难的问题。然而网上登记技术多年前早已成熟,发展到今天已俯拾皆是,现在却仅有上海市一地广泛采用。掣肘的并不是技术上的难度,一方面是缺乏采取技术手段提高效率的意识,另一方面也是现有的制度由于习惯不愿意将新技术纳入传统的制度当中。

美国的退出制集团诉讼之所以能够大幅度地提高效率、节约成本,除了前述原因外,技术手段的运用也是不可忽视的关键:美国通过高度电子化的证券交易系统完成统计交易数据、集体计算损失、确认集团成员数量、通知集团成员等事项,法院可以直接在后台调取数据,且无须投资者单独提供。而在我国,统计交易数据与账户信息需要投资者在证券营业部打印、盖章;损失计算需要手动计算后提交给法院;通知、送达需要通过纸质文件寄送。这些程序性的成本是导致维权成本高昂的重大原因。如果在示范诉讼制度中能够充分运用技术手段,利用后台数据直接计算得出损失数额,那么维权者所负担的成本将只有提供起诉状及身份信息,相对属于可以接受的范围。

在充分利用技术手段的前提下,损失证明、因果关系、侵权事实的认定都可以一次性完成处理。加入制的集团诉讼和退出制的集团诉讼的成本差异,只是投资者多了一道提供身份信息的登记确认程序,这并不会导致效率的大幅度降低。充分利用技术手段提高效率,将为我国的制度构建提供更多选择的余地,在制度设计时可以更多地考虑其他问题,而非为了提高效率做出过多牺牲。特别是2013年的万福生科虚假陈述案和2014年的海联讯虚假陈述案已经开始运用证券电子化交易系统来进行通知和赔偿等方面的具体操作,这不仅为引入该制度所需的技术条件进行了有益的尝试,而且创造出了证券史上最快的赔付速度。这是一个好的开端,我们应当继续提高技术在证券维权领域中的应用水平。

2. 进一步优化和完善科创板退市制度

(1)交易型退市指标容易规避,且可能引发上市企业操纵交易量。一方面,科创板的交易型退市指标相对于主板而言更加严格。根据上交所股票交易规则,A股股票连续120个交易日(不包含公司股票停牌日)实现的累计股票成交量低于500万股,或者连续20个交易日(不包含公司股票停牌日)的每日股票收盘价均低于股票面值,或者上市公司股东数量连续20个交易日(不含公司首次公开发行股票上市之日起的20个交易日和公司股票停牌日)每日均低于2 000人,才能触发强制退市条件。

而根据科创板交易规则,科创板上市企业股票连续120个交易日实现的累计股票成交量低于200万股、连续20个交易日股票收盘价均低于股票面值、连续20个交易日股票市值均低于3亿元、连续20个交易日股东数量均低于400人都构成强制退市的情形。就退市的交易指标的绝对数量而言,科创板的退市标准比A股还要更低。但科创板企业的总市值相比A股上市企业更少,且只要满足标准20天即触发强制退市,时间上比A股足足缩短了100天,这将对指标不良的上市企业构成很大的压力。无论是拉升交易量还是拉升股票价格,在20天的时间内通过寻求融资、收购资产等常规救市手段都很难实现,因此上市企业会有更强的动力通过操纵市场避免退市。

另一方面,科创板企业以中小企业居多,除资本市场融资外,中小企业多从银行渠道融资。但科创型企业一般属于轻资产企业,没有足够合适的或者是银行认可的抵押物或是质押物,于是多采用股权质押的方式取得贷款。然而,股权质押合同中一般都会对抵押物品的价值变动作出约定,如股价下跌导致抵押物的价值减少,可能会引起银行等金融机构要求贷款人追加抵押物,或要求贷款人提前偿还贷款,甚至直接实现抵押权。出于规避银行平仓的目的,科创板上市企业也有很强的市场操纵动力。

这种以避免退市为目的的市场操纵行为,行为人可能根本没有从中获取直接利益,仅通过发布利好消息、隐瞒不利消息等手段影响市场的成交价格和交易量,甚至没有相应的二级市场交易行为。据前文所述,一般的操纵市场行为需要有相应的二级市场交易行为,并且行为人利用客观信息优势从中获利,才能认定为操纵市场。因此,对此种操纵行为无论是从内幕交易角度还是从操纵市场角度,都难以对其作出认定和处罚。

(2)丧失持续经营能力退市、重大违法违规退市标准尚待进一步细化完善。《上市规则》中,除交易型强制退市外,还规定了上市公司重大违法强制退市、丧失持续经营能力退市的情形。重大违法强制退市主要包括两种情形:一是上市公司存在欺诈发行、重大信息披露违法或者其他严重损害证券市场秩序的重大违法行为,且严重影响上市地位,其股票应当被终止上市的情形;二是上市公司存在涉及国家安全、公共安全、生态安全、生产安全和公众健康安全等领域的违法行为,情节恶劣,严重损害国家利益、社会公共利益,或者严重影响上市地位,其股票应当被终止上市的情形。同时,上市规则列举了五类上市公司明显丧失持续经营能力退市的情形:一是主营业务大部分停滞或者规模极低;二是经营资产大幅减少导致无法维持日常经营;三是营业收入或者利润主要来源于不具备商业实质的关联交易;四是营业收入或者利润主要来源于与主营业务无关的贸易业务;五是其他明显丧失持续经营能力的情形。

然而,上述描述均为概括性描述,实际操作中如何判定违法行为是否重大、是否可能导致企业丧失持续经营能力,依然存在争议。科创板仍须进一步发展完善退市的类型化判断标准,通过具体案例阐释"重大违法违规""丧失持续经营能力"在具体场景下如何应用。

以"重大违法违规"为例,化工行业相关企业常常难以避免因环保问题遭受行政处罚,在环保问题导致重大行政处罚的情况下,是否要对上市一票否决?从价值判断上,这一问题是有待商榷的;但在规则上,的确符合条文含义。对此,如何在具体审核时予以把握需要加以认真斟酌与考量。

(3)退市程序可以进一步完善。从程序的角度来讲,也可以对科创板退市程序规则进行进一步的完善,比如给予公司足够的整改时间和一定的自救机会。值得参考借鉴的是纽交所的情况。当纽交所的上市公司触发了退市标准的时候，交易所可以暂停其上市交易，并且随后在10个工作日内通知上市公司，上市公司可以在30天之内决定是否服从退市决定，如果不服从并选择整改，则需要在90天之内递交整改计划，整改计划通过之后需要在18个月内按照计划进行整改。交易所将对整改情况进行审核，如果达到上市标准，就可以择机上市，不达标则暂停上市；如果服从，就退市决定生效，不服从则可以在收到通知之后的10天之内向纽交所董事会申请复议；若不通过，则还可继续向证监会上诉，并由其作出最终的决断。

此外，由于科创板自身并没有进行结构分层，如果科创板能像纳斯达克那样进行结构分层，那么在一个板块退市的上市公司可以转入到其他板块上市。如果各项财务指标符合已退市板块的标准，则又可以继续申请到已退市板块上市。建立"阶梯型"退转版机制，对于多层次资本市场体系建设具有重要意义。

(4) 严格退市制度执行，切实促进市场新陈代谢。科创板退市制度可谓A股"史上最严"，优胜劣汰，对于形成良好的资本市场生态环境、促进资金真正流向高质量新兴实体、促进科创板估值合理化而言至关重要。随着全面注册制的不断深化，退市制度的市场化、常态化、法治化将是大势所趋。尽管退市制度改革取得了阶段性成果，但从实践角度仍需进一步推进落实。一方面，退市制度的关键在于执行，针对触发财务类退市情形的，可以考虑取消退市整理期，以大幅提高退市效率，提升市场新陈代谢功能和市场活力。另一方面，引导加强主动退市。随着A股注册制的持续推进，建议通过包括融资、信息披露等机制在内的优化调整，引导或倒逼绩差小盘类僵尸企业主动退市。

(5) 考虑对退市指标进一步差异化、灵活性处理。从科创发行条件来看，其设置了五种基于不同市值的盈利要求，充分考虑了不同类型企业的实际情况。而在退市制度上却并未考虑不同企业的情况，对此，可以借鉴美国纳斯达克的退市制度，在设定企业退市标准时，考虑与发行条件进行匹配，使不同企业得到差异化的处理。例如，依靠纯粹市值上市的企业，应相应提高其触发退市的市值红线；而对于通过"市值+净利润"指标上市的企业，可以适当调低触发退市的市值红线，但同时对于其营业收入等财务指标进行约束。另外，在经济形势遇到重大不利变化、证券市场整体大幅下滑的极端情况下，是否可以通过设置差异化组合指标避免出现大面积退市情形，也应适当考虑。

这种差异化的安排在《上市规则》中已初见端倪。例如，根据《上市规则》12.4.3条，研发型上市公司主要业务、产品或者所依赖的基础技术研发失败或者被禁止使用可能触发退市。基于此，我们也期待科创板的退市制度能够进行更多差异化、灵活性的安排。

(6) 是否允许企业合理自救。《上市规则》交易类强制退市标准，均是基于连续一定交易日内成交量、股票价格、股东人数或市值处于低位而触发。其中所称的交易日不包含公司股票停牌日，这与主板规则是一致的。由于交易日不包含公司股票停牌日，在企业触发交易类强制退市标准时，按规则可以通过停牌来争取一定的时间实现自救，类似情况在现有制度下已有先例。2018年2月，*ST海润（600401）因曾出现连续3天收盘价格低于1元，公司随即宣布紧急股票停牌处理，从而成功规避了"连续20个交易日"的统计周期，为继续保壳争取了时间。

基于此，未来交易所在停牌事项上的尺度也在一定程度上决定着退市指标是否强有力的执行。一方面，交易所要谨防企业为了规避退市而恶意长期停牌，损害中小投资者的利益。另一方面，鉴于科创板的定位，行业走势的波动幅度可能较大，某些企业虽一时达到了退市标准，但并未非意味着该企业一定属于"不合格"的科创板上市企业，对于类似仍可能具有较大市场前景、特别技术优势的企业，是否给予适度的自救时间，也值得进一步考虑。

3. 围绕注册制试点目标，健全相关配套保障机制

（1）完善行刑协作机制。行政、刑事执法协作有利于实现政权机关专业优势与公安机关刑侦能力优势的互补，提高行政、刑事执法的效率和效果。一方面，行政权力的调查能力不足，手段有限，难以应对传统形式客观证据少、电子化程度高的特点。行政执法部门很难调取到通话记录、身份证住址信息、飞行出入境记录等证据，这些证据往往是行政处罚认定的关键证据。刑事侦查机关在这方面具有显著的优势。另一方面，证券市场的犯罪案件专业性极强，公安、司法部门在例如内幕信息认定、敏感期、知情人认定等方面都需要证监会出具专业的认定意见。同时，在涉嫌刑事犯罪的案件中，行刑协作有利于减少行刑衔接程序和公投时间，大幅度提高案件查办效率，还可以解决行刑证据转化的问题。

案件移送制度和办案协作方式是行刑协作中的两个主要方面。虽然这两个方面都有一些法律法规的规定，但在司法实践层面，这两方面都还存在着不足与争议。因此，课题组在案件移送与办案协作方面提出如下建议：

一是建立案件"平行移送"机制。证监会内部的行政执法管辖的设定不是完全按照属地原则来确定，而是首先根据案件的复杂程度在证监会与派出机构之间进行管辖划分，然后再根据属地原则在36家派出机构之间进行立案管辖划分。然而，即使是由证监会的地方派出机构负责审理的案件，行刑衔接的流程上采取的仍然是"总对总"的移送方式：地方证监局先将案件移送证监会，再由证监会向公安部移送；公安部收到案件后，再由指定的地方分局进行立案侦查。虽然这一垂直管辖符合证券领域敏感、复杂的特点，但在此制度下，全国的证券刑事案件都要经由证监局和公安部审查，再移送地方公安管辖，这将加重证监会和公安部相关部门的工作压力，案件经过层层移送也会延长案件审理的周期。另外，也存在与公安的办案体制不协调、效率不高的问题。

"平行移送"是实现执法重心下移、避免案件积压的有效手段。证监会对违法行为进行行政立案之时，即会根据案件的复杂程度在证监会和地方证监局之间确认管辖。地方证监局管辖的案件通常是复杂度相对低，或因技术原因适合地方机构审理的案件。通常情况下，此类案件最终指定侦办的地方分局仍然是最初的地方分局。因此，建立地方对地

方的证券类刑事犯罪移送机制,由地方证监局直接将其立案审查并向地方公安机关移送,无疑有益于案件分流,提高侦办效率。

二是建立执法信息共享平台。从目前办案协作的法律规定来看,同时立案、联合调查的模式下,行政机关和刑事机关的信息共享是最充分的。然而绝大多数案件侦查中,如果案件涉及犯罪,行政机关就应该"及时移送",由公安机关立案侦查的,行政机关不应当继续调查;如果公安机关作出不立案或不起诉决定,案件才会重新被移送至行政机关进行侦查。在这一执法模式中,行政、刑事的调查处于相对独立的状态,双方的信息共享更多的局限于相互协助,客观上导致很多有价值的案件信息被隔离,双方无法畅通地共享重要信息。因此,如何解决信息共享问题,是执法协作中的一个重要任务。

早在1999年,证监会和公安部就曾下发联合通知,提出建立信息通报交流制度,加强协调。2011年,中共中央办公厅、国务院办公厅公布的《关于加强行政执法与刑事司法衔接工作的意见》(中办发〔2011〕8号文)也明确要求充分利用电子政务网络和信息共享的公共基础设施,将行刑衔接工作信息共享平台建设纳入电子政务规划。课题组认为,这一平台的建设,有助于拓宽行刑衔接中的信息共享渠道。

三是加强地方公诉、审判机关证券领域专业能力。在证监会将案件向公安机关移送后,实际对案件进行侦办、提起公诉的机关最终仍然是地方公安和地方检察院。但追究当事人的刑事责任和行政责任在各个方面均有不同,这就导致证监会等行政机关无法替公诉、侦查机关"全程包办"。第一,违法行为与犯罪行为并非是一一对应的关系,《证券法》第十一章"法律责任"中涉及应受行政处罚的行政违法行为有48种,而《刑法》涉及证券领域犯罪的行为只有19种,在移送中很可能出现遭到行政处罚的违法行为并不能够完全对应现有的罪名的情形。第二,相比于追究行政责任,追究刑事责任对证明程度和证据的来源有着更高的要求,需要达到排除合理怀疑和非法证据的程度,行政机关收集的证据虽然已经足以作出行政处罚,但或许并不能达到追究刑事责任所需的证明程度。第三,立法上关于承担行政责任与承担刑事责任的主体的设计是不同的,行政处罚针对的被处罚主体,即行政相对人,也就是行政法律责任的承担主体,立法中首先确定的是行为人(此处行为人更多指的是单位,少数情况下是自然人),然后再针对担任行为人的直接负责人的主管人员和其他直接责任人员予以处罚;而刑事处罚的对象,即犯罪主体,也就是刑事法律责任的承担主体,主要针对的是自然人,单位犯罪则是例外,即使单位已经遭遇了行政处罚,作出行政处罚的证据也并不一定足以对相关责任人追究刑事责任。

综上,行刑衔接并非像行民衔接一般,行政机关的处罚决定无法在诉讼环节中完全得到沿用。侦办机关还需要自行制定公诉方案、收集证据,这也就对侦办机关证券金融领域的专业能力提出了一定的要求。然而,目前已经设立的金融法院只审理民事和行政案件,而不审理涉及金融证券的刑事案件;证券刑事案件公诉也没有专业金融检察机关进行公诉的集中管辖,地方侦办机关未必有足够的专业能力及时、完整地推进案件,这部分导致了移送后处理不及时的现象。我们认为有必要建立完整的涉金融案件侦办链条,一方面可在各地建立专门的金融检察院,或在各地检察院中设立专门的金融证券科室,对金融证券刑事案件进行集中管辖;另一方面,可在金融法院中设立刑事科,补齐目前金融法院不审理刑事案件的缺口。

(2)建立地方企业信用评价体系。由于监管机构不直接参与企业治理,在上市企业和监管机构之间通常存在着较大程度的信息不对称。而对于科创板上市企业,一方面,监管机构仅靠问答的方式保证信息披露完善,而不进行盈利能力等实质性的审查;另一方面,科技信息更加专业深奥,信息不对称相对于主板上市企业更加严重。在上市企业日渐增多的背景下,如果在企业上市发行前一无所知,仅靠证券发行阶段与发行后的信息披露,那么对于防范科创板上市企业虚假陈述等风险稍显不足。

上市企业的发展与上市应当是一个连续的过程,如果在企业发展过程中对优质的企业持续予以关注,对存在劣迹的企业提前记录在案,做到对拟上市企业"知根知底",则显然有利于防止严重的虚假陈述或欺诈发行事件发生。因此,课题组建议由地方建立企业信用评价体系以实现这一目的。

企业信用评价体系是指将一定规模以上的企业在履约、合规、财务业绩、技术专利、税务等方面的重要行为信息收集起来,通过建立模型得出企业的健康状况与信用评价,实现类似于"企业画像"的效果。这一评价结果和提供的数据资料将在多个场景得到应用,例如:在决策参考方面,信用评价体系给出的数据就可以作为科创板上市企业储备库的入库标准之一,将履约记录好、无行政处罚及不良行为记录的企业作为优先选择纳入储备,同时在选择扶植对象时予以倾斜;在选择上市企业时也可以选择评价记录较好的企业优先推荐发行。

在风险防范方面,科创企业并非一蹴而就,科技优势转化为生产力,需要相当长的时间来储备技术底蕴与人才。在企业成长为科创板上市企业之前,其发展的过程应当是渐进的,并在相关领域取得过一些成就。通过对其历史履约信息、合规信息及技术信息的搜集和整理,在评价系统内通过校验科技数据,将申报材料中相关技术数据与国家专利局等数据进行比对,可以校验出是否存在虚假申报、专利是否存在质押或转让等情况。通过技术方向分析的功能,基于技术聚类的行业分类模型,将申报企业所处行业对应至某一种或几种专业技术,能够提高行业分类准确性及针对性。通过核心技术分析功能,可以将企业的行业地位、专利质量、技术质量、专利对应的市场价值和社会影响等都直观呈现,起到有效防范虚假陈述与欺诈发行风险的作用。

此外,在企业成功上市后,持续的信用评价系统可以协助监管机构建立风险防范的"黑名单",将有限的监管力量更多地集中在高风险预警的企业上,解决有限的监管力量与大量的上市企业之间的矛盾。

目前,全国已有多个省市建立了科创板上市储备企业库,如上海科委、上海市金融工作局、市科技创业中心实施建设的"科创企业上市培育库",厦门市金融办、市证监局拟牵头建设的"科创板后备企业库",此类企业库对于了解科创企业上市前发展轨迹的目的有相当程度的作用,对建立地方信用评价体系有重大意义。第一,企业库侧重根据指标挑选,而信用评价系统侧重观察与评价,即使被选入企业库,也难以对其上市前的发展轨迹有所了解;第二,企业库的入库标准除规模、技术等硬指标外,也需要信用作为入库指标之一,而信用评价体系为入库提供了标准。因此,建立地方信用体系仍有其必要性。

参考文献

[1]陈岱松.证券上市监管法律制度国际比较研究[M].北京:法律出版社,2009.

[2]张桂庆,谢风华.中国证券发行制度与市场研究[M].上海:上海财经大学出版社,2004.

[3]尚福林.证券市场监管体制比较研究[M].北京:中国金融出版社,2006.

[4]贺智华.海外证券市场[M].北京:经济日报出版社,2002.

[5]陈共,周升业,吴晓求.海外证券市场(第七分册)[M].北京:中国财政经济出版社,2000.

[6]赵广君.上市科创板[M].上海:上海科学技术出版社,2019.

[7]高凤勇,布娜新.资本变局与科创革命[M].北京:中国经济出版社,2019.

[8]胡继之.海外主要证券市场发行制度[M].北京:中国金融出版社,2001.

[9]国泰君安证券股份有限公司.科创板与注册制:一场伟大的变革——基于国际视野的比较研究[M].上海:上海财经大学出版社,2019.

[10]徐长青,郭小东.中国企业美国上市问题研究[M].北京:中国书籍出版社,2001.

[11]张路.美国上市公司最新立法与内部控制实务[M].北京:法律出版社,2006.

[12]曹国扬.挺进纳斯达克:美国证券市场上市实务[M].北京:华夏出版社,2004.

[13]曹国扬.中国企业纳斯达克上市实战宝典[M].北京:经济日报出版社,2005.

[14]姚骏华.美国证券法[M].北京:中国民主法制出版社,2006.

[15]〔美〕莱瑞·D.索德奎斯特.美国证券法解读[M].北京:法律出版社,2004.

[16]张陆洋,傅浩.多层次资本市场研究:理论、国际经验与中国实践[M].上海:复旦大学出版社,2008.

[17]高建宁.我国证券发行监管制度及其有效性分析[M].南京:南京大学出版社,2008.

[18]李东方.证券监管法律制度研究[M].北京:北京大学出版社,2002.

[19]李鸿渐,王富华.证券监管与投资者保护[M].兰州:甘肃人民出版社,2005.

[20]朱从玖.投资者保护:国际经验与中国实践[M].上海:复旦大学出版社,2002.

[21]刘一凡.论证券市场注册制的证券监管问题[J].中外企业家,2019(29).

[22]汲敬菲.注册制试点下信息披露制度的研究分析[J].河北企业,2019(11).

[23]陈峥嵘.落实股票发行注册制统筹推进科创板基础制度改革[J].高科技与产业化,2019(10).

[24]陈路.政府监管与市场自律的平衡——美国证券市场发行审核与上市审核分离体制简析[J].深交所,2006(3).

[25]史晓霞.论证券发行审核中的监管权配置[J].西南政法大学学报,2009(6).

[26]邹雄.如何做到充分而公平的信息披露——美国证券市场发行审核制度思考[J].深交所,2009(1).

[27]白玉琴.中美证券发行审核制度的比较及启示[J].河南大学学报:社会科学版,2008(4).

[28]刘晓燕.浅析科创板发展市场存在的风险及防范[J].商讯,2019(29).

[29]封文丽,韩佳颖.科创板注册制下上市公司信息披露的探究[J].吉林金融研究,2019(10).

[30]王年咏,朱云轩,陈尚静荷,等.美国证券注册制及证券监管对我国的启示[J].西南金融,2019(10).

[31]陈见丽.基于注册制视角的上市公司退市制度改革研究[J].学术交流,2019(3).

[32]谭春枝,黄家馨,莫国莉.我国科创板市场可能存在的风险及防范[J].财会月刊.2019(5).

[33]交通银行金融研究中心.科创板与资本市场[J].新金融.2019(3).

[34]张颖.支持科创企业和注册制的"他山之石"[J].金融博览.2019(4).

[35]韩志国.建立有序和有效的股市退出机制[J].经济导刊.2001(3).

[36]项雪平.上市公司退市制度研究[J].河北法学.2004(3).

[37]罗邦民.论同股不同权的法律规制——以科创板表决权差异机制为视角[J].法制与经济,2019(10).

[38]傅穹,卫恒志.表决权差异安排与科创板治理[J].现代法学,2019(6).

[39]张群辉.科创板双重股权结构制度研究——基于投资者保护的视角[J].上海金融,2019(9).

[40]黄登,仕王辉.科创板:一种新的制度供给[J].理论探讨,2019(5).

[41]林妍.注册制改革下的科创板市场主体责任审视与监管[J].人民论坛,2019(25).

[42]吴聪.中外上市公司退市机制的比较与启示[J].商场现代化,2006(16).

[43]刘祉含.中外上市公司退市规则的比较与启示[J].科技信息,2010(8).

[44]米晓文.我国科创板运行风险分析及国际经验借鉴[J].中国证券期货,2019(4).

[45]刘乐乐.中美退市机制比较[J].全国商情·理论研究,2010(9).

[46]余景美.关于我国退市标准的法律反思[J].经济师,2004(5).

[47]戈宏,惠佳颖.从退市标准的差异看完善我国的退市制度[J].金融论坛,2001(7).

[48]姜英超.证券集团诉讼之中美比较研究[J].法制博览,2015(8).

[49]高震.浅析科创板注册制下关键法律问题[J].法制博览,2019(23).

[50]冯果,窦鹏娟.群体性证券民事纠纷的示范诉讼及其程序构造[J].投资者,2019(2).

[51]上海市第一中级人民法院课题组.德国《投资者示范诉讼法》译文[J].投资者,2018(3).

[52]蔡奕.关于我国退市标准的法律反思[J].经济师,2004(5).

[53]蔡奕.上市公司直接退市后投资者的司法救济[J].董事会,2010(11).

[54]张旭东.中小投资者在证券欺诈中的诉讼困境与出路[J].法制与经济,2015(8).

[55]刘立燕,方晓波.科创板引入双层股权结构的制度保障研究[J].武汉商学院学报,2019(4).

[56]许业荣.科技进步与制度变革:科创板与注册制的使命与担当[J].张江科技评论,2019(4).

[57]李文龙.科创板如何试行注册制研究探讨[J].产业创新研究,2019(8).

[58]唐应茂.证券法、科创板注册制和父爱监管[J].中国法律评论,2019(4).

[59]梁伟亮.科创板实施下信息披露制度的两难困境及其破解[J].现代经济探讨,2019(8).

[60]郭琳.新股发行制度的历史变迁——兼评科创板新股发行规则[J].公共财政研究,2019(4).

[61]张俊云.借鉴美国证券集团诉讼完善我国证券诉讼制度[J].天津法学,2016(1).

[62]罗荟.投服中心民事赔偿诉讼方式研究[J].投资者,2018(3).

[63]G Rindermann. *Venture Capitalist Participation and the Performance of IPO Firms: Empirical Evidence from France, Germany, and the UK*[M]. Peter Lang,2004.

[64]Jason Draho. *The IPO Decision: Why and How Companies Go Public* [M]. Edward Elgar,2004.

[65]Alan R Palmiter. *Securities Regulation: Examples and Explanations*[M]. New York: Aspen Publisher,2005.

[66]Shen-Shin Lu. *Insider Trading and the Twenty-Four Hour Securities Market*[M]. Christopher Publishing House,1999.

[67]Joel Seligman. *The Transformation of Wall Street: A History of the Securities and Exchange Commission and Modern Corporate Finance*[M]. Houghton Mifflin,1982.

[68]Ranald C Michie. *The Global Securities Market: A History*[M]. Oxford University Press,2006.

[69]Ted Trautmann, James Hamilton. *2007 U.S. Master Federal Securities Law Guide*[M]. CCH Incorporated,2007.

[70]Securities Institute Services. *Dictionary of Financial and Securities Terms* [M]. Securities Institute Services,2002.

我国大宗商品要素市场建设的
难点与方案建议

◎ 鲍建平[①]　袁开洪[②]　宋　斌[③]

摘要： 党的十九大报告提出，经济体制改革必须以完善产权制度和要素市场化配置为重点。党的十九届四中全会提出，推进要素市场制度建设，实现要素价格市场决定、流动自主有序、配置高效公平。2020年，中共中央、国务院《关于构建更加完善的要素市场化配置体制机制的意见》提出要扩大要素市场化配置范围，健全要素市场体系。同年，《国务院关于支持中国（浙江）自由贸易试验区油气全产业链开放发展若干措施的批复》（国函〔2020〕32号）明确支持浙江自贸试验区与上海期货交易所等国内期货现货交易平台合作，推动大宗商品期现市场联动发展。建设要素市场，难点在于要素确权和交易，核心在于风险管理和履约担保。课题组认为，作为全球金融要素市场最齐备的城市之一，同时也是长三角的龙头，上海市正在建设百亿和千亿级大宗商品要素市场。基于大宗商品市场的发展潜力，建议上海市在大宗商品要素市场建设上发力，打造发展排头兵，形成领军集聚效应，增强上海金融能级。首先，在立法层面支持期货法制定工作。其次，在政策层面为市场参与者、上海期货交易所、在沪商业银行提供更多支持。

一、大宗商品要素市场建设的背景

完整的大宗商品要素市场包括场内市场和场外市场两个部分，两个部分就像大宗商品要素市场的两个轮子，相辅相成、互相促进、不可分割。

（一）大宗商品要素市场的内涵及外延

党的十九大报告提出，经济体制改革必须以完善产权制度和要素市场化配置为重点。党的十九届四中全会提出，推进要素市场制度建设，实现要素价格市场决定、流动自主有

[①] 鲍建平，上海期货交易所大宗商品服务部总监。
[②] 袁开洪，上海期货交易所大宗商品服务部资深经理。
[③] 宋斌，上海期货交易所大宗商品服务部高级经理。

序、配置高效公平。2020年4月,中共中央、国务院《关于构建更加完善的要素市场化配置体制机制的意见》(以下简称《意见》)正式发布。《意见》提出,完善要素市场化配置是建设统一开放、竞争有序市场体系的内在要求,要充分发挥市场配置资源的决定性作用,畅通要素流动渠道,推动要素配置依据市场规则、市场价格、市场竞争实现效益最大化和效率最优化。上海市委书记李强同志指出,上海已经成为全球金融机构最集中、金融要素市场最齐备的城市之一。

大宗商品的定义在不同的领域有所侧重,但一般而言,大宗商品指那些进入到流通领域、具有商品属性并用于生产与消费的物质商品。在金融投资领域,大宗商品指同质化、可交易、被广泛作为工业基础原材料的商品,如有色金属、钢铁、农产品、铁矿石、煤炭等。在实际交易活动中,大宗商品一般包括三类:能源化工类(比如煤炭、石化产品等);矿石金属类(铁矿石、铜精矿、有色金属等);农林作物类(天然橡胶、木材、大豆、玉米、棉花等)。

要素市场包括金融市场、大宗商品市场、劳动力市场、房地产市场、技术市场、信息市场、产权市场等。生产要素市场的培育和发展,是发挥市场在资源配置中的决定性作用的必要条件,是发展社会主义市场经济的必然要求。

在大宗商品要素市场领域,场外市场与场内市场是大宗商品要素市场的两个轮子,相辅相成、互相促进、不可分割。大宗商品场内市场是指在期货交易所内交易的标准化期货与期权市场。大宗商品场外市场,主要是指期货市场以外的大宗商品现货交易市场与场外衍生品市场。现货交易主要包括仓单交易、拍卖交易、报价专区等大宗商品交易形式。场外衍生品交易主要包括即期、远期、掉期等交易形式。

场内市场运行效率高、交易制度完善,但由于合约高度标准化,难以覆盖所有商品品种,也难以满足企业的个性化风险管理需要。场外市场的定制化特点,则弥补了场内市场高度标准化的不足,也为场内市场培育了上市品种和投资者。同时,场内市场为场外市场提供了风险对冲渠道,弥补了场外市场内在风险与流动性缺陷,如图4—1所示。

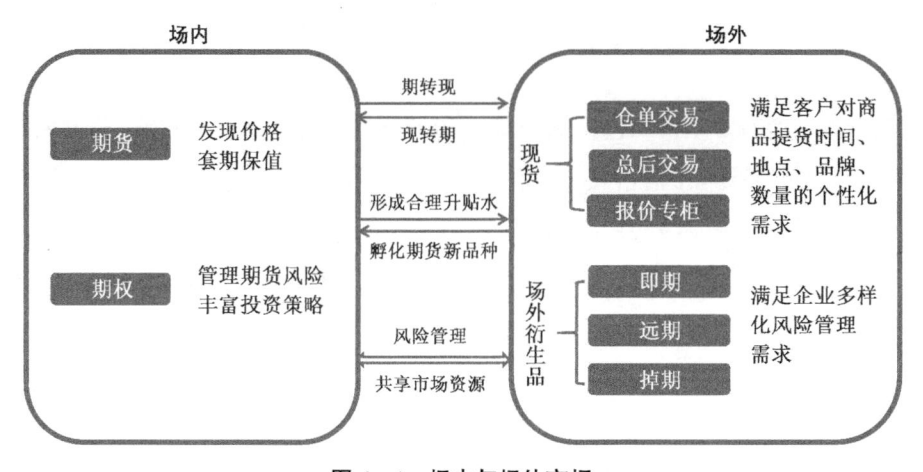

图4—1 场内与场外市场

促进场外市场与场内市场的协同发展,对于建立多层次大宗商品市场十分重要。而多层次商品市场体系的建立,不仅能为商品市场提供市场化的价格发现机制及多样化的风险管理供给,还可以降低实体经济的交易成本、物流成本和融资成本,推动实体经济的集约化、市场化及规模化发展。

(二)建立大宗商品要素市场的必要性和紧迫性

一是可以显著加快并提升上海市建设百亿和千亿级大宗商品要素市场的建设进程。近期,上海市明确提出要建设百亿和千亿级大宗商品要素市场,主要通过打造现货交易市场和要素平台,探索跨境金融服务等。但现实中的大宗商品要素市场大多是不完全的,部分要素存在确权难的问题(例如土地),部分要素的价格主要由主观评估得到(例如劳动力),部分要素甚至没有明确的交易单位(例如技术、数据),部分要素必须跨越关境甚至国境流动(例如保税或离岸商品)等。在此背景下,大部分的要素市场要么发展缓慢,要么举步维艰,或者频频发生风险事件。而大宗商品场外要素市场在国外已经有了成熟的经验,国内的发展也正在提速。例如根据中国期货业协会的统计数据,2013年国内大宗商品衍生品市场仅有0.73亿元,而2019年我国商品类场外衍生品名义本金合计已经达到约1.22万亿元。同时,场外市场相关的法律法规正在快速完善,包括证监会等主管机关的态度也在从审慎转向正面,这显然对发展大宗商品场外市场有利。

二是显著提升风险管理水平,满足实体经济多层次、个性化风险管理的客观需要。近年来,国际经济复杂多变,国内经济不确定性显著增加,实体经济风险管理和对冲的需求与日俱增,且风险管理的需要日趋多样化。在人民银行、证监会、银监会等的大力支持下,风险管理工具推出的步伐明显加快,极大地拓展了金融服务实体经济的广度和深度。但目前推出的工具大多是标准化的,无法直接对接相关实体企业和机构个性化、多样化的风险管理需求。国家统计局数据显示,2017年我国共有法人单位2 200.9万个,而根据中国期货业协会的数据,目前利用期货交易进行风险对冲的法人客户数仅有几万个,这意味着绝大部分的企业正处于风险"裸奔"状态。而场外市场非常灵活,可以根据投资者的需求,为其量身定制个性化的风险管理产品,这有助于在企业层级达成风险全覆盖,后续可以通过专业机构对冲或者到场内市场进行风险对冲(专业化操作),这将显著提升整个实体经济的抗风险能力。

(三)大宗商品要素市场的定位

胡俞越和白杨(2008)从市场的兴起与发展概况谈起,分析了大宗商品电子市场的发展历程及大宗商品电子交易市场的特点。胡俞越从电子交易市场的功能着手对电子交易市场与期货、现货市场的关系进行了研究。王志兵(2010)对大宗商品电子交易市场和期货市场范围进行界定,分析了市场产生和发展的经济背景。王东亚(2012)从产业组织学的角度考察研究了国内大宗商品电子交易市场,根据SCP范式分析了行业结构、行为及绩效,并提出了对策与建议。刘斌(2010)分析了我国大宗商品电子交易市场存在的问题,并提出了相应的政策建议。

(四)大宗商品要素市场细分研究

有的学者从监管方式、支付手段、物流配套、风险识别、风险控制、法律法规规范等方面研究,也有学者针对地域性和某类商品的大宗商品电子交易市场进行研究。张强等(2009)认为工商部门应该是大宗商品的监管主体,并且提出了工商部门对市场的监管办法和对策。贾凤莲等(2012)总结了大宗商品电子交易市场与现货市场的主要差别,将差别因素对电子交易市场风险产生的影响进行了分析,找到了市场风险发生的原因。许良(2014)对我国大宗商品电子交易市场物流模式和金融模式进行了研究,设计了市场金融与物流模式,总结归纳了市场盈利模式,在实证研究方面也有一些成果。

(五)大宗商品要素市场的风险与参与者研究

何朝阳等(2008)从交易对象、交易品种、价格形成、信息发布、支付手段、盈利模式、风险管理等12个方面对四个较为成功的电子交易市场进行了比较研究,总结了各类市场的发展现状及商业模式,并提出改进的建议。石晓梅和冯耕中(2010)建立了大宗商品电子交易市场风险识别框架,通过实证方式识别出价格波动风险是市场的关键风险,而且价格波动风险不因主要参与者角色及评价者风险偏好的不同而存在差异。石晓梅等(2010)对大宗商品电子交易市场的经济特征进行了总结,从交易中心与交易商的角度对这类市场的风险状况进行了分析。方霁等(2013)通过对钢材电子交易市场、期货市场、现货市场的价格发现功能进行研究,结果表明国内钢材电子交易价格发现功能明显优于期货和现货市场。李优柱等(2013)通过VECM误差修正模型对我国棉花现货、期货、电子交易市场的价格进行比较研究,表明三个市场的价格存在互相引导的作用,但是期货市场对棉花现货、电子交易市场价格的影响要更大。

(六)全球场外衍生品市场概况

据国际清算银行(Bank for International Settlements)最新统计数据(见图4-2),2019年底,全球场外衍生品市场名义本金总额为558.5万亿美元。2000年以来,全球场外衍生品的市场规模增长迅速,而且名义本金一直保持在场内衍生品市场的6倍以上。

(七)全球大宗商品场外衍生品市场概况

1. 市场规模

商品类场外衍生品从2008年金融危机以来,市场规模出现了较为明显的下滑,目前仍在低谷缓慢回升。2019年,商品类的场外衍生品总名义金额为2.1万亿美元,为2008年峰值(13.2万亿美元)规模的16%,但较2015年增长13%,如图4-3所示。

2. 业务类型

商品类场外衍生品主要为期权、远期和掉期三种业务品种。2019年,全球商品类场外期权名义本金为0.6万亿美元,占比28.4%;远期和掉期名义本金合计为1.5万亿美元,占比71.6%。

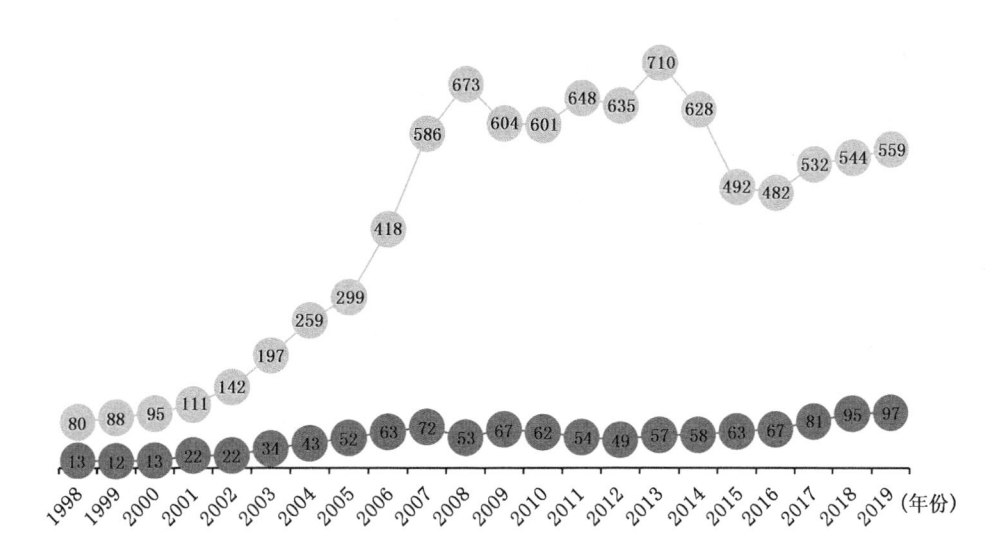

资料来源：国际清算银行。

图 4—2　全球场外衍生品市场规模

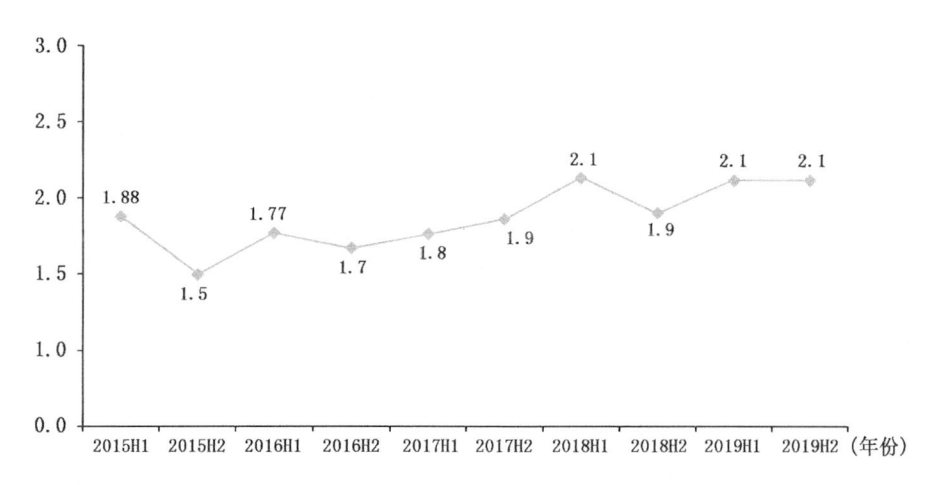

资料来源：国际清算银行。

图 4—3　全球商品类场外衍生品市场情况

3. 交易品种

从品种来看，商品类场外衍生品品种主要为黄金、其他贵金属和其他商品。2019 年，黄金类名义本金为 0.73 万亿美元，占比 34.43%；其他贵金属名义本金为 0.1 万亿美元，占比 4.72%；其他商品名义本金为 1.29 万亿美元，占比 60.85%。具体如图 4—4 所示。

4. 市场参与者结构

境外大型商业银行、投资银行为商品类场外衍生品市场主要参与者。由于《巴塞尔协议Ⅲ》的监管要求，境外大型商业银行、投资银行等逐渐退出大宗商品市场领域。商品类

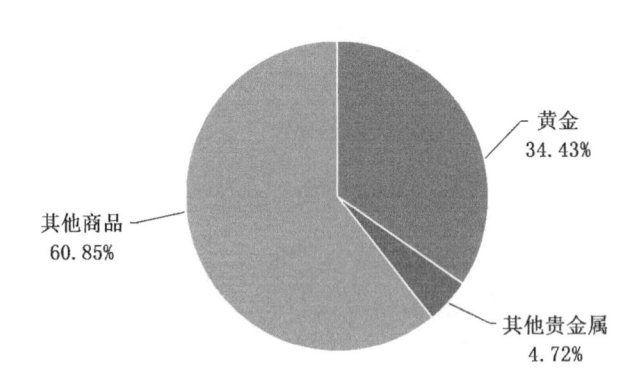

资料来源：国际清算银行。

图4—4　全球商品类场外衍生品市场交易品种划分

场外衍生品主要受现货市场驱动,现货市场交易量的下滑导致了场外衍生品市场规模缩水。

(八)美国大宗商品场外衍生品市场发展情况

1. 金融危机后美国场外衍生品监管改革理念

金融危机发生后,美国对于金融体系的监管采取了新的思考理念。2009年,奥巴马政府在《金融监管改革——新的基础》报告中指出,金融市场应当建立综合性多层次的监管体系,对原先的场外衍生品市场实行综合监管举措,针对场外衍生品市场应当增加保持记录及报告义务,所有标准化的场外衍生品交易应接受监管并通过透明的交易场所及中央对手方集中清算,从而实现对场外衍生品市场所有交易者的审慎监管。此外,该报告还强调了美国商品期货交易委员会(CFTC)与美国证券交易委员会(SEC)之间关于监管职权的划分及相互协作的要求。

在此之前,CFTC与SEC就金融监管职权的划分一直处于碎片化的状态,在美国权力分立与制衡的基础上,双方监管存在较大的沟通及协调难度。实际上,在该法案之前,CFTC与SEC在部分监管上存在一定的冲突,曾发生过CFTC监管的交易所诉SEC的案件。

因此,2010年美国国会通过的《多德-弗兰克法案》明确将场外掉期产品纳入监管范畴。该法案修改并调整了《商品期货现代化法案》对掉期市场监管的部分豁免或排除,对CFTC与SEC各自的监管范围及内容、方式合作等进行了规定,并且禁止商业银行或其关联机构对应自营业务,形成了目前美国场外衍生品监管以功能监管为主、多层次监管的体系。该监管体系下,包括以CFTC与SEC为主的监管机构,以及其所监管的交易场所(清算机构及掉期交易平台)、自律协会(全美期货协会)。

CFTC的主要职责在于培育开放、透明及充满竞争性的衍生品市场。按照《商品交易法案》的规定,CFTC此前主要对期货市场(即主要的场内市场)进行监管。由于法规对掉期市场(主要场外衍生品市场)排除或豁免部分监管的规定,导致在2008年金融危机中缺乏监管的掉期市场起到了推波助澜的作用。据此,《多德-弗兰克法案》要求CFTC同样开始监管体量超过400万亿美元的掉期市场,而在此之前,掉期交易的监管非常有限。《多德-弗兰克法案》之后,CFTC依据法案的规定,从规则制定、研究、掉期(不含个股掉期)监管、掉期交易商监管、提高掉期市场透明度及定价机制、降低对公众风险等方面履行了相应职能。

作为场外衍生品的主要监管机构之一,CFTC的规则及执行态度是较为明确的。从CFTC自2010年以来发布的监管规则来看,CFTC根据《多德-弗兰克法案》项下发布的规则约为79项,规则发布频率每年也有所不同。从2011年至2013年,CFTC近乎每年有20项规则的调整、修订或颁布,2014年至2017年每年发布2到6项不等,可以看出,场外衍生品监管的趋势也在进行调整。

就CFTC角度,其监管的趋势或方向将从以下几个方面来展示:

(1)关于中央对手方集中清算规则。强制集中清算的规则确保了2017年以来大量新掉期交易的集中清算,而这种制度使得掉期交易违约风险得到了改善。但确保中央对手方的安全及可靠性,在极端情况下损失分配和资源调配以及在政府机构的介入方式等则有待CFTC与相关机构进行合作来努力实现。

(2)关于数据报告规则。根据《多德-弗兰克法案》的要求,数据报告机制(包括公开透明性及监管报告)的建立对于市场透明度等方面有较大提升。此外,在近几年监管过程中,CFTC也意识到以全球合作为基础实现数据报告机制的重要性。因此,在接下来的监管趋势里,CFTC将寻求与全球同等或近似监管主体的合作,以提高市场透明度,提升价格发现机制的有效性。接下来,CFTC将重新评价其掉期报告规则的有效性,加强提供给市场及公众的信息质量等。

(3)关于掉期交易规则。前期CFTC在执行白皮书中存在一些误差,如试图将高流动性的期货市场规则移植到掉期市场中,结果导致了高流动性风险等。因此,在接下来的监管中,将调整掉期交易平台的部分规则,扩大掉期的种类范围,以更好地满足强制清算要求等。

(4)其他。此外,将对掉期交易商资本规则及终端用户规则(不同体量机构及不同需求的主体区别对待)进行调整。

可以看到,CFTC的任务从原先建立场外衍生品市场监管框架体系转变至更符合2009年G20协议的要求,即定期评价执行效果,评估监管措施是否能够有效提高衍生品市场的透明度,降低系统性风险,减少市场滥用。

SEC职能中已经涵盖对个股场外市场的监管。而2010年后,国会通过《多德-弗兰克法案》对SEC与CFTC在掉期市场监管方面建立了"双头监管"的架构,该架构体现了功能监管与主体监管的结合,主要目的是降低风险,增加市场透明度及金融监管体系的整合。两大监管机构主要从掉期交易商及主要掉期交易参与者的注册（主体监管）、标准化衍生品的场内清算及场内交易要求、增加簿记及实时报告机制、增强两大监管机构关于注册主体及中介的规则制定及强制措施等方面予以开展监管。而针对 SEC 本身,则根据《多德-弗兰克法案》的要求,主要对个股掉期市场监管制定了一系列的相应措施。

《多德-弗兰克法案》为进一步明确避免监管上的冲突,规定 CFTC 主要对除"个股掉期"外的掉期市场进行监管；而 SEC 则对"个股掉期"（Securities-based Swap,主要指个股及窄基指数）进行监管；涉及"混合类型"（Mixed Swap）的掉期,则由两家机构共同制定规则监管。原《商品期货现代化法案》（2000）中关于掉期市场监管的大量豁免规定,仅有小部分被保留下来。

CFTC 与 SEC 按《多德-弗兰克法案》第 720 章的要求签订了相应的谅解备忘录,在部分程序执行上达成一致,如确保公共利益的基础合作方式、解决冲突或避免监管冲突等。同时,《多德-弗兰克法案》第 712 章则要求任一监管部门在作出任何关于掉期（包括任何针对掉期、掉期交易商、掉期主要参与者、掉期数据保存、掉期清算机构、与掉期交易商相关的人或主要掉期参与者、合格合约参与者或掉期执行机构等）相关的规则或命令时,应当及时在范围内与另一监管部门进行协商合作,确保监管的一致性及可续性,各州不得将掉期尤其是信用违约掉期（CDS）作为保险加以监管。针对新产品而言,《多德-弗兰克法案》第 717 条和第 718 条就场外衍生品审批和发放执照的程序进行了规定,两家监管机构有权决定创新的衍生产品的性质,新产品需经过 CFTC 与 SEC 程序的审批,掉期交易者根据法规要求向相应的主体及时报告掉期交易信息等。通过上述一系列的规定,使得 CFTC 与 SEC 能够在一定程度上实现对掉期市场的监管。

《多德-弗兰克法案》要求掉期市场能够实现透明化、公正的目标,并据此提出如标准化的场外衍生品强制提交清算机构进行清算的要求（732 章）及在场内交易平台（Swap Execution Facilities,733 章）进行交易,而上述主体均需在监管机构注册以符合相关要求。此外,这些主体还承担向 CFTC 报送数据的义务。实际上,类似机构平台均有较强的风险管理措施,而场内交易平台的出现,则为场外衍生品的定价提供了相对透明的机制。上述机构或平台的作用,有助于加强对场外衍生品的监管。

尽管依据《多德-弗兰克法案》,期货业协会及全国证券业协会均不得在未经许可的情况下发布规则、规范或进行监管,但实际上,根据《联邦管理法规》第十七卷的规定,自律协会即全美期货协会（National Futures Association）通过与 CFTC 规则保持一致的自律规则形式对会员进行主体监管,如注册为掉期交易商或主要掉期参与者应当提交 7-R 表格,在掉期交易商的义务中要求其履行年度掉期交易报告、簿记及登记,维持业务持续性与灾备、网络安全及相关要求。

综上,美国场外衍生品监管经历了一个从放任自由的监管到加强监管的趋势,从该趋势中可以发现,场外衍生品的概念也随着监管方式的不同产生了细微变化。场外衍生品的监管可以考虑综合性的、多层次的监管体系,并加以配套的监管机制来实现。

2. 美国场外衍生品集中清算机制

金融危机肇源于美国,美国遭受的直接损失最为严重。相应地,美国危机后的金融监管改革的反应也更为及时,改革范围更为广泛,影响也更为深远。

《多德-弗兰克法案》不仅强调场外衍生品本身的可清算性,而且更加注重中央对手自身是否具备充分的管理自身风险的能力。对于监管机构认定需要集中清算的掉期产品,任何人不得通过不合法的清算机构进行清算。合法清算机构是指依法注册或可以豁免注册的衍生品清算组织。清算机构对条款相同、经济功能相当的掉期合约可以进行冲销操作。《多德-弗兰克法案》授权相关监管机构根据该法原则要求,通过制定具体的监管规则来确定某种类型的掉期是否适用于强制清算。

强制清算制度首次成为美国场外衍生品市场的一种金融保障制度,并且以集中清算作为基本形式。监管机构可以随时对掉期产品的集中清算进行必要的审查。美国商品期货委员会(CFTC)借鉴场内市场的成熟经验,将场外衍生品集中清算作为推进金融监管的有效举措:一是要求在场外交易的衍生品中引入集中清算制度;二是要求所有必须清算的互换在监管的交易所、交易系统或者交易平台等互换执行机构交易;三是要求互换执行机构将有关价格、交易量和其他互换交易数据及时公开披露。

2012年,美国证券交易委员会给出了场外衍生品中央清算的实施步骤。2013年3月,部分利率互换(主要包括固定对浮动利率互换、基差互换、远期利率协议、隔夜指数互换等)和信用违约掉期(主要包括以美元计价的挂钩北美企业信用的CDS指数、以欧元计价的挂钩欧洲企业信用的CDS指数)等实施强制集中清算。从市场参与者类型而言,将分三个批次执行强制中央清算要求:2013年3月起,第一批为掉期交易商、掉期市场的主要参与者和每月进行200笔以上互换交易的私募基金;6月起,第二批为其他私募基金、商品基金、其他从事金融活动的实体企业等;9月起,第三批为养老金计划等所有其他市场参与者。

美国对于集中清算采用"代理"模式,而欧盟主要国家则主要采取"委托"(或称"背靠背")模式。根据美国法律,集中清算必须采用代理模式,该模式借鉴了期货交易中的交易商模式。具体而言,代理模式是指清算机构(清算会员)代理客户进行集中清算,在这个交易中,清算会员作为代理人代理客户通过中央对手方达成交易,这个交易中涉及三方主体。

根据金融稳定理事会(FSB)的统计,美国已投入运营的CCP有6家,主要为CME集团、ICE信用清算所和LCH Clearnet LLC等。其所属交易所、所在地、监管者和清算产品类型如表4-1所示。

表 4—1　　　　　　　　　美国主要 CCP 列表及业务开展情况

中央对手方名称	所属交易所	所在地	监管者	清算产品类型
CME 集团（CME Group）	CME 集团	美国	CFTC、SEC	商品、信用、外汇、利率
ICE 信用清算所	ICE	美国	CFTC、SEC	商品
LCH Clearnet LLC	伦敦证交所	美国	CFTC	利率
美国期权清算公司（OCC）	独立清算所	美国	CFTC、SEC	股票
北美衍生品交易所	北美衍生品交易所	美国	CFTC	商品、外汇
Cantor 清算所	Cantor 交易所	美国	CFTC	外汇

资料来源：金融稳定理事会(FSB)。

2013 年 9 月起，CFTC 正式对固定与浮动利率掉期、基准利率掉期、远期利率协议、隔夜指数掉期、信用违约掉期指数五类场外衍生品，提出了集中清算要求。

3. CME 场外衍生品业务

CME 通过兼并美国纽约商品交易所（Commodity Exchange of New York，简称 COMEX）、美国纽约商业交易所（New York Mercantile Exchange，简称 NYMEX），成为全球最大的金融期货和商品期货与衍生品交易所集团，并通过清算平台 ClearPort 系统对场内业务和场外衍生品业务进行集中清算，形成了统一高效的期货与场外衍生品交易平台。

为了降低场外交易的对手方违约风险，CME 于 2002 年推出了场外交易清算平台 CME ClearPort，为场外交易合约进行交易所清算服务。CME ClearPort 允许交易在场外进行，交易达成后由场外经纪商将交易输入至 CME ClearPort 进行交易所的中央清算，交易所对所有清算的场外交易合约实行保证金制并进行逐日盯市。也就是说，通过 CME ClearPort 交易 OTC 合约，既保留了 OTC 市场的灵活性，又实现了交易后的中央清算，显著降低了 OTC 交易的对手方信用风险。

CME ClearPort 在 2002 年推出时主要是为了清算场外交易的能源合约。目前，CME ClearPort 已处理超过 1 500 个场外交易合约，产品类别涵盖能源、金属、农产品、利率、外汇以及股指。其中，能源产品的数量最多，超过 900 个合约，包括原油、天然气、燃油、煤炭、电力等。近年来，CME ClearPort 上的黑色金属产品（如铁矿石、钢材、焦煤）的 OTC 合约日益增多，可交割利率掉期、棕榈油日历掉期等新兴 OTC 产品的交易量增长也非常迅速。

2012 年 5 月，CME 宣布推出新技术 CME Direct，这项技术将允许市场参与者对交易所上市和场外市场交易产品进行交易。交易所依靠推出标准化的清算掉期产品，逐渐引导建立起行业标准，将其价格影响力辐射场外市场。CME Direct 已被授权给交易商之间经纪人,其中包括大宗商品经纪商 Marex Spectron、Tradition 和货币经纪公司德利万邦(Tullett Prebon)等。此外,这项技术还可让交易商和经纪人连接到芝加哥商业交易所集团的结算平台。

CME 的交易平台 CME Direct 具有和洲际交易所 WEB 类似的功能,除了场外交易,CME Direct 还提供进入环球期货交易系统(Globex)交易的通道,为客户提供场内和场外衍生品的电子化交易。CME Direct 具有前端交易、交易惯例、订单保护等功能,也可以浏览 CME 市场的实时数据,包括询价交易和大宗交易信息。CME Direct 交易界面如图 4-5 所示。

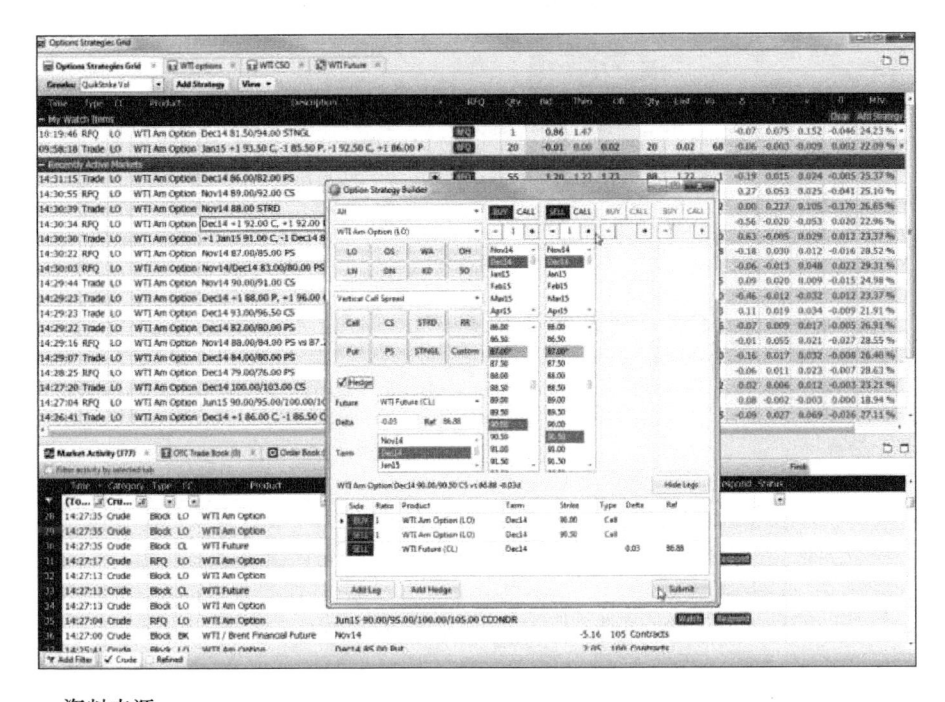

资料来源:www.cmegroup.com。

图 4-5　CME Direct 交易界面

4. CME 交易平台运作模式

CME 的互换执行设施(SEF)已经在 CFTC 获得注册。客户可以通过交易平台 CME Direct 进行场内和场外衍生品的电子化交易。与互换交易执行设施相关的部门有 CME ClearPort、CME Repository 和 CME Clearing。

CME ClearPort 是提供集中清算交易的平台;CME Repository 是提供互换交易数据,并为监管需要而储存机密交易和头寸数据的机构;CME Clearing 是进行场外衍生品清算的机构。清算过程中还涉及 CME ConfirmHub,它主要是一种针对交易者的直接式交易处理方式。这种方式方便经纪人将交易确认书直接发送到交易风险管理系统,减少了时间成本和错误。

交易商和经纪商通过 CME Direct 终端进行报价和交易，达成交易并在 CME ConfirmHub 交易确认后，将 OTC 交易提交至 CME 的清算平台 ClearPort，由 CME 清算机构 CME Clearing 负责清算。CME Direct 交易流程如图 4-6 所示。

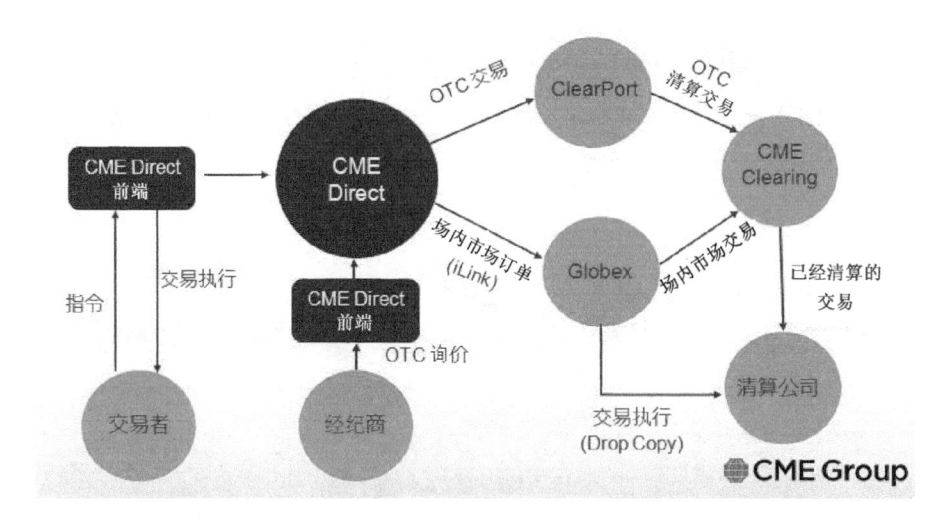

图 4-6　CME Direct 交易流程

CME 集团的衍生品处理程序主要分为三个部分：交易平台、清算平台和交易后服务。如图 4-7 所示：

图 4-7　CME 衍生品处理流程

场外衍生品数据首先通过 CME 前端的 CME ClearPort 接入，然后在清算平台进行清算合约的更替，最后数据进入数据储存库进行数据的确认和其他一系列交易后服务。

CME 集团通过三个系统建立了明确的清算系统和流程，简化了 CME 清算交易的监管报告义务，为信用、利率、外汇和大宗商品资产提供了高效、低成本的服务。

为获得 CME 储存库提供的服务，用户需要符合以下的规则：（1）首先需要在 CFTC 注册一个临时身份标识码（CFTC Interim Compliant Identifier，简称 CICI），然后通过 CICI 接受 CME 储存库的用户协议，就可以向 CME 储存库提交交易事务。（2）所有的记录和数据报告需要一个单一的产品标识码（Unique Product Identifier，简称 UPI）或产品分类体系，例如：资产类别、资产子类别和基础产品。（3）所有的互换需要在清算过程中有一个单一的互换识别码（Unique Swap Identifiers，简称 USI）来保留记录和数据报告。USI 在交易执行机构（SEF）和清算机构（DCM）之间创建并分配原来的互换交易。

接入 CME 储存库的场外衍生品根据是否要求清算可以分为两类:一类是需要清算的产品;另一类是非清算的产品。

一是清算产品的交易流程(见图 4—8)。

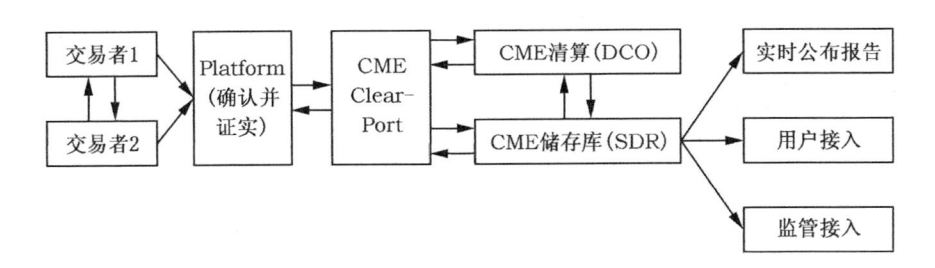

图 4—8　CME 清算产品进入数据库流程

第一,两个交易者之间进行交易,并将交易信息提交交易平台(Platform)进行确认。

第二,报告相对方(Reporting Counter Party)利用它们的命名空间生成互换识别码 USI:"α",提交至 CME ClearPort。

第三,CME ClearPort 提交信息给 CME 清算所和 CME 储存库,CME 储存库进行实时的信息公布。

第四,CME 清算所将 CME ClearPort 提交的合约进行验证并将合约转换成清算合约,将交易双方生成清算互换识别码 USI:"ß""γ",并反馈给 CME ClearPort,CME ClearPort 将 USI 即"α""ß""γ"信息反馈给交易平台,交易平台反馈给参与交易的双方。

第五,CME 清算所将最终的信息提供给 CME 储存库。CME 储存库要求,从 2012 年 12 月 31 日起,所有信用和利率类场外衍生品资产需要报告并进行评估。

二是不进行清算的互换产品交易流程(见图 4—9)。

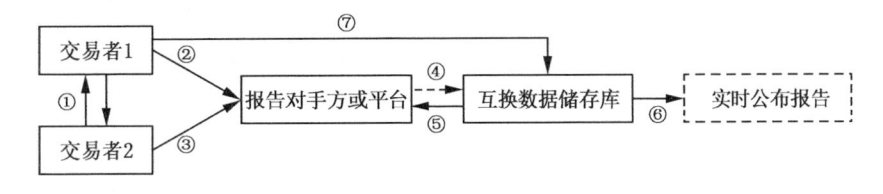

图 4—9　CME 非清算产品进入数据库流程

第一,(可选)双方交易者进行交易。

第二,(可选)如果交易者 2 是指定报告交易对手的话,则交易者 1 进入交易。

第三,(可选)交易者 2 确认交易。

第四,指定报告对手方分配 USI 进行交易,并提交给 SDR,提交的实时信息可以发布。

第五,SDR 接受报告并提示提交者接收信息(如果需要可以生成 USI)。

第六,SDR 报告实时价格信息给公众,其中,交易者1有义务对 SDR 提供持续的交易对手报告义务。

(九)欧盟大宗商品场外衍生品市场发展情况

1. 欧盟场外衍生品监管情况

基于欧洲市场现状,欧盟在调整监管范围时遵循了划分市场到监管产品的监管路线,体现在 2008 年金融危机后发布的《欧盟市场基础设施条例》(European Market Infrastructure Regulations,简称 EMIR)、《金融工具市场指令》修订案(Markets in Financial Instruments Directives,简称 MiFID Ⅱ)与《金融工具市场法规》(Markets in Financial Instruments Regulation,简称 MiFIR)中。

欧盟将场外衍生品定义为:不在规范化市场或第三国同等规范化市场交易的衍生品。场内外产品的差异特征不构成定义依据,界定关键在于区分交易场所、明确衍生品交易要求。因此,欧盟以市场层次的划分作为场外衍生品监管范围界定的切入点。

在欧盟市场架构下,MiFID II 将监管范围内的衍生品交易场所划分为以下几个层次:

第一,规范化市场(Regulated Market,简称 RM),即传统交易所市场,在规范化市场上执行的衍生品交易均属于场内衍生品,其挂牌交易产品需定期接受交易所认证并接受严格监管。此外,以场外为交易场所但遵从场内交易规则的交易形式(如衍生品大宗交易)仍属于 RM 衍生品(即场内衍生品)。

第二,多边交易设施(Multilateral Trading Facility,简称 MTF)是指集合第三方买卖利益并达成交易的系统或设施。MTF 作为场外交易场所,产品没有发行上市流程,但必须满足交易透明度要求:市场参与者可查阅现有订单的价格数据(交易前透明度);平台实时披露所有已达成的交易信息(交易后透明度)。

第三,有组织交易设施(Organized Trading Facility,简称 OTF)是指非 RM 或 MTF 的集合第三方买卖利益并达成交易的系统或设施。OTF 的透明度要求与 MTF 基本一致。符合定义的 OTF 多为"交叉网络"模式(crossing networks),主要包括经纪商交叉系统(broker crossing system)和交易商间经纪系统(interdealer broker system)。

第四,系统化内部撮合商(Systematic Internalizers,简称 SI),类似传统意义上的做市商,是指在自有账户执行客户买卖指令的投资公司,以单交易商平台为主。SI 的特点是以自有系统(in-house)为平台执行交易过程,而无须将客户指令及交易意向发送至集中交易场所。SI 须在交易前报价、交易后披露交易信息,以符合监管的透明度要求。目前瑞士信贷、瑞银集团(UBS)等大型交易商均提供此类 SI 交易模式。

为了进一步加强对包括场外金融衍生品领域在内的所有金融业务的监管,欧盟委员会设立了欧洲金融监管系统(European System of Financial Supervisors,简称 ESFS),该系统旨在通过建立更强大、一致性更高的趋同规则来提高各国监管能力,实现对跨国金融机构的有效监管。主要内容包括：升级原先欧盟层面的银行、证券和保险监管委员会为银行、证券和保险监管局，合称欧盟监管局（European Supervision Authority，简称ESA）。在保持分业独立监管的基础上，建立三个新的监管当局：欧洲银行管理局系统（European Banking Authority，简称EBA）、欧洲保险和职业养老金管理局（European Insurance and Occupational Pensions Authority，简称EIOPA）、欧洲证券及市场管理局（European Securities and Markets Authority，简称ESMA）。由上述三个部门之间进行信息交流与监管合作，重视相互配合和协调，在相应的职责范围内对欧盟理事会、议会和欧盟委员会负责，具有独立法人资格。

2011年1月1日，三大监管局正式成立，加上前述的欧洲系统性风险委员会，标志着欧盟"一会三局"新的金融监管体系形成。

欧洲证券及市场管理局取代欧洲证券监管委员会，负责对欧盟的期货以及衍生品市场进行监管。其使命是建立一套欧盟统一的资本市场监管规则，通过有效的监督为欧盟投资者提供保护，并为金融机构提供公平的竞争环境。ESMA拥有制定规章的权力，有权登记交易资料。金融机构参与者被要求向交易数据库进行报告，报告应该包括合同参与方、合同标的类型、到期时间以及名义价值等内容。对于非金融机构参与者来说，则主要针对场外合约进行相关内容的报告。这类报告必须在执行、修改或者结清的一个工作日内完成。

2. 欧盟场外衍生品集中清算情况

在集中清算中，中央对手方成为所有市场参与者的交易对手，是双边交易中所有卖方的买方、所有买方的卖方。集中清算不但能降低场外衍生品市场的系统性风险，还能提升市场公平性，从而降低市场成本，提高市场销量。一是中央对手方成为所有交易的对手方，能消除场外市场的对手方风险，并利用保证金机制等保证交易顺利完成。二是中央对手方集中清算能降低系统性风险，将风险集中于中央对手方，通过净额结算等机制使得市场相互对冲。

金融危机之后，欧盟议会于2010年6月提出对场外衍生品交易实施集中清算和报告。2012年8月通过的《欧洲市场基础设施管理条律》（EMIR），规定了场外衍生品交易的强制集中清算义务，旨在增强场外衍生品市场透明度和安全性，减少对手方信用风险，从而有效防范场外衍生品市场系统性风险事件的发生。

在欧盟，以英国为代表，采用的是"委托"模式，客户必须先与清算机构发生交易，然后清算机构再与清算所发生同样一笔交易，客户不直接与清算所进行交易，每个交易都只涉及两个主体。在委托模式下，清算机构对清算所承担直接交易后果；而在代理模式下，一般是由客户对交易结果承担最终责任，不过在实际操作中，中央对手方还是会先找清算机构解决问题。

通过EMIR等立法，欧盟要求符合条件的场外衍生品交易通过CCP（中央对手方）进行集中清算;同时要求,对于双边模式清算的衍生品交易,要加大衡量对手方风险和操作风险。集中清算的义务适用于所有持有大量衍生品仓位的金融机构(包括商业银行、投资银行、保险公司、基金等)和非金融机构(例如能源企业、航空公司、制造业企业等)。

为了确保CCP的良好运作,EMIR对CCP制定了具体的运营规则及监管要求。例如,CCP应具备充分的自有资金以应对风险和损失,其最低资本不可以少于750万欧元,并与CCP的业务风险规模相适应。

2012年,欧盟颁布了《欧洲市场基础设施规则》(简称《欧洲规则》)。在清算产品的关键指标上,《欧洲规则》细化了技术标准,并考虑了其他因素:(1)标准化合约的条款应当援引通用的法律文件,包括净额结算主协议;(2)保证金应当与该产品流动性的历史稳定性水平成比例,而且该流动性水平应当足以应对中央对手一个清算会员违约的压力情景;(3)定价信息必须对所有市场参与者开放。

根据金融稳定理事会(FSB)的统计,欧洲地区主要的CCP有6家,集中在英国、法国、德国和瑞典等地。其所属交易所、所在地、监管者和清算产品类型如表4-2所示。

表4-2　　　　　　　　　　欧洲地区主要CCP列表及业务开展情况

中央对手方名称	所属交易所	所在地	监管者	清算产品类型
CME欧洲清算所	CME集团	英国	金融服务局(FSA)	商品
Eurex Clearing	Eurex	德国	联邦金融监管局、FSA、CFTC	商品
ICE欧洲清算所	ICE	英国	FSA、CFTC、SEC	商品、信用
LCH Clearnet Ltd.	伦敦证交所	英国	FSA、苏格兰银行、CFTC	商品、利率、外汇
LCH Clearnet SA	伦敦证交所	法国	法国金融市场监管局、ACP、FSA、CFTC	信用
Nasdaq OMX 斯德哥尔摩	Nasdaq OMX	瑞典	—	商品、利率、股票

资料来源:金融稳定理事会(FSB)。

根据EMIR,如果第三方国家满足欧盟等效监管的相关条件,那么欧盟将认可注册在第三方国家的CCP/TR地位,第三国CCP/TR可以在欧盟提供服务。截至目前,欧盟已对新加坡、日本、澳大利亚等9个第三国的CCP实行了许可,但一直没有启动对美国CCP的评估程序。

根据国际清算银行的数据,在2019年全球利率类场外衍生品中,中央对手方清算的名义本金为344亿美元,占全部利率类名义本金的比例为76.6%。在全球外汇类场外衍生品中,中央对手方清算的名义本金为3.4亿美元,占全部外汇类名义本金的比例为3.7%。在全球股票类场外衍生品中,中央对手方清算的名义本金为0.02亿美元,占全部股票类名义本金的比例为0.3%。在全球信用类场外衍生品中,中央对手方清算的名义本金为4.2亿美元,占全部信用类名义本金的比例为56%。

3. 洲际交易所(ICE)场外衍生品业务

(1)ICE场外衍生品业务简介。2000年,洲际交易所(ICE)成立。ICE成立之初就是一个场外市场,经营着能源类场外衍生品和现货交易。2002年,ICE与伦敦清算所合作,尝试对原油场外互换进行集中清算,之后ICE又于2009年推出首个可清算互换产品——白糖互换。2013年4月,ICE并购了欧洲天然气现货交易所(ENDEX),通过整合现货、场外衍生品交易,进一步垄断了能源市场。2013年,ICE向美国商品期货交易委员会(CFTC)申请成为互换执行设施(SEFs),在CFTC的监管下继续扩展互换业务。通过不断兼并收购期货、现货衍生品交易所,并引入中央对手清算机制,ICE承担了对场外衍生品的清算业务,成为国际期货市场的后起之秀。

ICE OTC市场中的互换产品包括原油及精炼油、天然气、电力、信用违约,这些可以通过ICE的电子平台进行交易。例如,原油及精炼油的互换交易可以通过ICE WEB实现,它是一个复合型的网络窗口,通过ICE WEB,投资者可以直观地了解到实时行情信息,并且能够在不打开新窗口的情况下同时看到期货和OTC市场的交易情况。

(2)ICE交易平台主要特点。ICE的交易平台ICE WEB,确认平台ICE eConfirm、ICE Link,清算平台ICE Clearing,这三类平台构成了有机整体,支持交易各环节的有机衔接和交易信息高效流转。ICE的场外衍生品交易平台发布的合约涵盖从出价、报单、成交到交易额的全套信息,交易者可以通过这些信息实时了解市场流动性。该平台显示所有合约的实时价格变化,提供每一笔交易相关的信息(如成交价格),并汇总信息(如每一个合约的交易加权平均价和成交价)。

WebICE功能包括报价要求(RFQ)、用户定义组合(UDS),其屏幕显示可进行个性化定制。天然气与电力产品经由WebICE连通,在ICE Platform上进行交易。信用违约互换产品的交易主要在Creditex Realtime平台上完成。

各类OTC交易在完成后,将进入确认环节,ICE eConfirm是其中的主角。ICE eConfirm为OTC市场提供了快速、准确并具有法律效力的电子确认服务,以代替过去人工、纸质的确认形式。被提交至ICE eConfirm的95%的交易可以在几分钟甚至几秒钟内完成配对及实施。经过电子确认后,交易进入到清算环节。ICE OTC交易流程如图4—10所示。

针对信用违约互换产品,ICE推出ICE Link。ICE Link的运作概况分为6个步骤:(1)交易实施;(2)经纪商或者互换执行机构(SEF)确认交易的相关细节;(3)买方客户进行确认并指定其清算代理商;(4)被指定的清算代理商同意提供服务(如果拒绝,则买方客户需要重新选择代理商);(5)经过确认的交易提交至清算所;(6)清算所进行清算并最终确认。ICE信用违约互换产品流程如图4—11所示。

图 4—10　ICE OTC 交易流程（以 WebICE 为例）

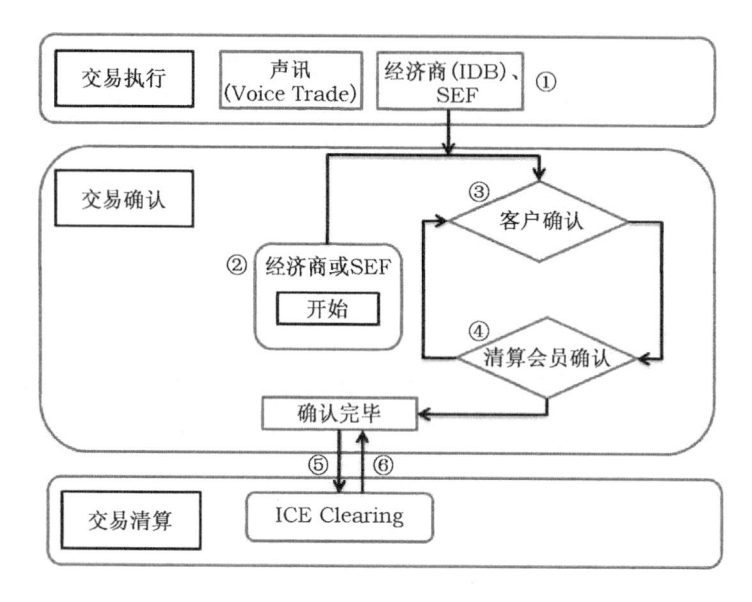

图 4—11　ICE 信用违约互换产品流程（ICE Link）

4. 资讯服务商

除 CME、ICE 等国际一流期货交易所之外，资讯服务商、国际大型投资银行、知名经纪商也依托各自优势，积极开展场外衍生品交易平台的运营。

以彭博为例，彭博的附属公司 Bloomberg SEF LLC 已在美国注册经营多资产类别掉期交易执行设施（SEF），并获得 CFTC 注册批准。

彭博 SEF 为彭博专业的服务用户提供跨资产类别的流动性。为给客户提供完整、有效的解决方案，彭博 SEF 支持利率掉期、信用违约掉期、外汇及商品衍生工具交易的报价请求及买卖功能。目前已有超过 1 000 家全球性的公司正在使用彭博的衍生工具电子交易平台。

根据《多德-弗兰克法案》规则的要求，彭博将其 SEF 建立在现有交易平台之上，并增加了买卖功能。目前，参与彭博 SEF 平台的交易商包括巴克莱、法国巴黎银行、美银美林等机构。彭博也向客户提供直接处理、交易前信用检查功能及直接连接中央交易对手（CCPs）的服务。

5. 投资银行

高盛自主运营场外衍生品交易平台,交易产品包含股票、衍生品、固定收益产品或者外汇等产品,交易范围覆盖亚洲、欧洲和美洲。例如,外汇产品可以通过 REDI Trader 来交易,REDI Trader 是一个 24 小时交易的电子交易平台,可以覆盖超过 150 种货币。

巴克莱也拥有自己的交易平台 BARX。BARX 是一个多资产、24 小时交易的电子平台。BARX 一方面通过自行开发的平台来为客户提供流动性,另一方面通过一些第三方平台为客户提供服务。比如在彭博终端就有巴克莱的 BARX 界面,客户可以在此界面进行交易。

德利万邦公司作为零售金融、能源行业及衍生品市场的中介,是世界上领先的交易商间经纪商之一。为了适应 CFTC 有关互换执行设施(SEF)的要求,德利万邦成立了一个新的实体公司(tpSEF Inc.),并在 2013 年 9 月获得 CFTC 注册批准。

德利万邦的 SEF 是一个多资产交易平台,提供五类资产兼容式执行服务,这五类资产都受《多德-弗兰克法案》的管辖。德利万邦的 SEF 是在德利万邦原有的电子经纪平台上建立的,产品标的涵盖利率、贷款指数、外汇、股票和大宗商品。

德利万邦的电子平台主要有以下特点:一是可以弥补语音经纪业务的不足,为市场提供混合交易方案;二是为满足客户多种需要,提供了可靠的电子平台;三是增强了交易前的透明度,简化了交易过程;四是既可以交易现货,又可以交易互换等场外衍生品。

市场中各类 OTC 衍生品合约的报价信息首先进入德利万邦位于世界各地的经纪办事处(Broking Desk)中,从各个经纪办事处汇集到德利万邦的数据测试中心,经过德利万邦数据团队的整理、检测、过滤之后,报价信息再进入德利万邦的实时数据中心,实时数据中心将报价整合编排之后通过电子报价板的形式最后发送到客户的终端系统中去。德利万邦在全世界 50 个国家设有收集报价的办事处,对报价信息的检测、筛选和整合是整个流程中的核心部分。德利万邦运作模式如图 4-12 所示。

英国毅联汇业(ICAP)是全球最大的声讯和电子交易商间经纪公司。它作为目前全球最大的声讯和电子交易商间经纪公司,活跃于以现货或者衍生品形式交易的固定收益、权益、外汇、商品与信贷资产类等品种的 OTC 市场以及部分交易所市场中。另外,毅联汇业拥有并运行着一定数量的 OTC 交易平台以及交易后服务业务。

毅联汇业的交易平台包括交易对象为即期外汇、无本金远期和贵金属的 EBS14 市场。其交易标的为提供欧美政府债券、欧美回购和 CDS、G7 国家公共债券的 BrokerTec 交易平台,还有为国债机构投资者所使用的全自动化电子交易平台,以及为中小企业的业务发展提供股权资本融资的 ISDX 平台。

毅联汇业通过不断收购使得自身交易平台更加便捷和完善。该公司最初使用 2003 年开发的 BrokerTec 平台作为电子交易平台,2006 年更是以近 8 亿美元的价格收购 EBS 电子交易平台,使自身全球最大的银行间交易平台地位更加稳固。2008 年 11 月 14 日,

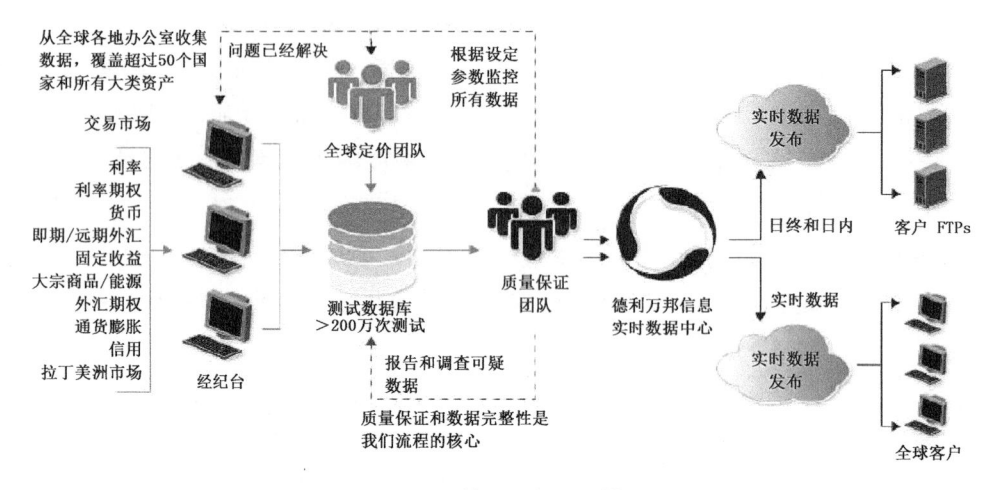

图 4-12 德利万邦运作模式

毅联汇业成功收购了 Prism 的股权,并与其签订场外数据协议,允许 Prism Valuation 使用毅联汇业数据作为场外市场信息的主要潜在来源。伴随着电子平台与业务区域的发展,毅联汇业大幅增加了在各地区的人员数量,以更好地进行场外衍生品业务。

根据毅联汇业年报,其业务主要分为三大部分:声讯经纪业务、电子经纪业务以及交易后风险与信息服务业务。在毅联汇业的三大业务中,创造收入最多的是声讯经纪业务,占比高达约 68%;其次是电子经纪业务及交易后风险与信息服务业务。但在利润方面,电子经纪业务反而贡献利润最高,占总利润的 37%,主要原因在于声讯经纪业务人工成本较高而使得其利润大幅降低。毅联汇业的交易品种的覆盖范围非常广泛,将其三大业务进行品种线方面的细分,可分为利率、外汇、商品、新兴市场、信用以及股权等种类。在所有品种线中,利率类产品收入最高,2013 年收入高达 5.86 亿英镑,占比为 39.81%;其次是外汇与商品。

二、长三角现有大宗商品要素市场发展概述

(一)上海期货交易所标准仓单交易平台

上海期货交易所(简称上期所)是受中国证券监督管理委员会(简称证监会)集中统一监管的期货交易所,宗旨是服务实体经济。根据公开、公平、公正和诚实信用的原则,上期所组织经证监会批准的期货交易,目前已上市铜、铝、锌、铅、镍、锡、黄金、白银、螺纹钢、线材、热轧卷板、原油、燃料油、石油沥青、天然橡胶、纸浆、20 号胶、不锈钢、低硫燃料油 19 个期货品种,以及铜、天然橡胶、黄金、铝、锌 5 个期权合约。

仓单是联系期货与现货的纽带,上期所多年来持续开展仓单交易的探索,并于 2018 年 5 月成功上线了上期标准仓单交易平台,向改革开放 40 周年献礼。建设上期标准仓单

交易平台来开展标准仓单交易是完善期货市场功能、满足实体经济多元化需求的一项重大业务创新,在我国期货市场发展历史上具有里程碑意义。上期标准仓单交易平台上线两年来,交易活跃,市场运行平稳,平台功能不断发挥。上期所在上期标准仓单交易平台成功运行的经验基础上,为响应市场需求,积极研发探索场外衍生品和延伸仓单业务。

1. 标准仓单交易平台建设

早在1992年,上期所前身之一的上海金属交易所就推出了标准仓单交易的雏形——即期合约交易,规定十日内完成交割,即期合约不可转让,以现货提单为交割单据。即期合约交易曾经历过一段辉煌,但由于交易模式与期货交易一致,难以满足现货贸易中对交易、结算以及交收方面的灵活性要求,在期货合约日趋发展的形势下日渐衰落。1999年,上期所推出仓单在线业务,允许客户在交易所网页"仓单在线"模块发布供需信息,促进交易。仓单在线旨在运用互联网的方式解决仓单交易中买卖双方需求难以匹配的问题,是利用互联网技术服务实体经济的有力尝试。但由于仓单在线业务中难以保证仓单交易信息的及时性和有效性,也无法保障资金、货权以及发票的安全,因此难以形成一定的规模。例如,2000年,上期所推出的期转现业务,就是由于通过线下开展仓单转让业务,导致效率较低,业务量长期不理想。

2014年4月,上期所党委决定设立上期大宗商品交易平台建设工作小组,具体承担上期大宗商品交易平台建设的各项推进任务。2016年4月,中国证监会同意上期大宗商品交易平台建设工作小组更名为大宗商品服务部,并明确大宗商品服务部的职责为负责与期货市场相关的现货及场外衍生品业务的开发与管理。

2017年3月,上期所将上期大宗商品交易平台建设列入2017年交易所重点工作计划,同期上海市政府也将其列入重点工作任务。2018年5月,上期标准仓单交易平台正式上线,以铜和铝作为试点品种。2018年10月,上期标准仓单交易平台扩容,新增铅、锌、锡、镍等品种。2019年5月,上期大宗商品交易平台上线天然橡胶品种和定向挂牌功能。2019年10月,上期大宗商品交易平台上线白银品种和买方挂牌功能。2020年9月,上期大宗商品交易平台上线螺纹钢、线材、热轧卷板、不锈钢等黑色金属品种和欧冶云商报价专区。截至2020年9月,上期大宗商品交易平台成交金额突破3 500亿元。

2. 标准仓单交易平台的特点与功能

开展标准仓单交易是解决期货市场标准化与服务实体经济多元化要求之间的重要途径,具有重要意义。一是解决时间不匹配问题,标准仓单交易能实现了天天交易、日日交割,解决了实体企业日常生产经营连续性的需求和期货市场每月交割一次的矛盾;二是解决地点、品牌和规格不匹配问题,标准仓单交易能实现不同地区、品牌及规格的标准仓单串换,解决了期货市场标准化无法满足实体企业对交割配对以后地区和品牌的差异性和个性化需求的矛盾;三是解决期转现业务难以配对问题,标准仓单交易推动期转现业务可更加高效地实现期现对接;四是进一步促进期现价格的紧密联动,促进场内市场与场外市场的互联互通,进一步增强期货市场的价格发现与套期保值功能。

与其他现货市场平台相比,上期标准仓单交易平台具有以下五大特点:一是公信力强,作为证监会直属交易所设立的平台,公开、透明、规范,不以营利为目的。二是安全规范,三流合一,货、款、票均在平台流转,确保安全,符合国家税务规定。三是高效便捷,实时仓单过户、实时资金划转、实时出入金,交易效率高。四是成本低,免收手续费及过户费,并对"期现结合对应的期货套保头寸"实施手续费减免优惠政策。五是期现结合,提供期货升贴水报价方式,为实体企业提供更多期现套利、基差交易。据此,上期标准仓单交易平台被广大企业誉为"五好平台"。

上期标准仓单交易平台上线后,得到广大实体企业认可。主要是因其在业务模式设计上具有五大创新点:一是交易模式的创新。依托互联网技术实现买卖双方直接交易,且平台提供开户、交易、结算、交收一站式服务,操作简单便捷。二是结算模式的创新。标准仓单交易不通过会员,直接对交易商进行资金结算和增值税发票收付,减少了结算环节;实现三个实时,即"资金实时划转、仓单实时过户、支持实时出入金",资金和仓单结算效率高于期货市场和现货市场。三是交割模式的创新。与期货市场每月固定交割一次不同的是,标准仓单交易可以实现实时过户,满足了企业每日生产经营销售的连续性需求。四是风控模式的创新。平台实行"全款全货"交易,安全性高;实现开户、交易、结算、交收一站式管理,全流程介入风控管理;交易所为企业保障了"仓单、资金和票据"的安全性,资金流、票据流、货物流"三流合一",符合国家税务的相关规定。五是报价方式的创新。采用全价和升贴水两种报价方式,贴近现货贸易定价惯例;可对每笔挂牌和摘牌设定价格限制区间,超过区间无法成交,报价更容易;通过上期所的期货市场,达到期现联动。

当前,上期标准仓单交易平台交易初具规模,各项功能逐步发挥,体现在以下五个方面:

第一,现货升贴水报价逐步形成,价格发现功能逐步发挥。标准仓单交易有利于实现仓单串换与调配,节省调配成本,完成库存战略布局,促进地区和品牌升贴水的形成,对不同地区价格具有重要指导意义,使市场定价更加公平、透明,提升市场的稳定性。

第二,促进期现有效结合,提高企业风险管理水平。基于期现价格的紧密相关性,通过平台的升贴水报价模式,可以协助企业有效规避风险,企业通过期现结合,在仓单交易的同时,可以对接期货端以精准规避风险,并提供期现套利的机会。

第三,促进资源配置,通过为企业提供盘活仓单库存的途径,加快标准仓单流转,提升仓单资源配置效率。

第四,拓宽仓单购销渠道,创新企业贸易模式。"实时资金划转、实时仓单过户、支持实时出入金"的结算与交割机制能够及时便捷地满足企业生产经营的连续性需求,成为企业产品销售与原材料采购的补充渠道。

第五,促进了各项创新业务开展。标准仓单交易在交易模式、结算模式、交割模式、报价模式的诸多创新特点,有利于基于存量仓单的所有业务开展,促进了针对仓单开展的各项创新业务的推进。

(二)上海清算所大宗商品衍生品市场

上海清算所于 2009 年 11 月成立,是中国人民银行认定的合格中央对手方,获得了美国商品期货交易委员会许可,向美国清算会员自营交易提供清算服务,同时是我国公司信用债券登记托管结算中心。上海清算所中央对手清算服务体系,已覆盖债券、利率、外汇和汇率、大宗商品、信用衍生品市场,同时为公司信用债和货币市场工具等近 20 种创新金融产品提供登记托管和清算结算服务。

上海清算所于 2014 年推出了大宗商品衍生品的中央对手方清算服务,其业务及模式介绍如下:

1. 上清所场外衍生品业务

上海清算所场外大宗商品衍生品覆盖航运、黑色金属、化工、能源、有色金属、碳排放 6 个行业板块。其中,黑色金属板块包括人民币铁矿石掉期、人民币普氏指数铁矿石掉期;能源板块包括人民币动力煤掉期;有色板块包括人民币电解铜掉期、自贸区铜溢价掉期等产品。

2014 年 8 月,上海清算所上线人民币铁矿石掉期和人民币动力煤掉期中央对手清算业务。截至 2014 年底,人民币铁矿石掉期中央对手清算量约为 2 740 万吨,人民币动力煤掉期中央对手清算量约为 5 160 万吨。

2015 年,上海清算所推出了自贸区铜溢价掉期、人民币苯乙烯掉期、自贸区乙二醇进口掉期、人民币集装箱掉期和中国沿海煤炭远期运费协议中央对手清算业务。当年清算总额为 671 亿元。

2016 年,上海清算所推出了人民币电解铜掉期、上海碳配额远期中央对手清算业务。当年举办近 50 次培训和推介会,200 余次走访实体企业,推动当年清算总额提升到 2 900 亿元,创造近年来大宗商品掉期最高清算金额。

2017 年,大宗商品衍生品中央对手清算金额为 477 亿元。2018 年,上海清算所推出人民币乙二醇掉期、人民币甲醇掉期、人民币普氏指数铁矿石掉期 3 项中央对手清算业务,有效拓展了场外大宗商品衍生品市场领域,满足了实体经济多样化的需求。当年大宗商品衍生品中央对手清算金额为 517 亿元。2019 年,据有关研究报告披露,上海清算所全年大宗商品衍生品中央对手清算金额为 80 亿元。

2. 清算规则与运营模式

上海清算所在场外衍生品发展初期就同步考虑引入中央对手方清算,同时按照风险管理的难易程度,从现货起步开始中央对手方清算,并逐步发展到场外市场金融衍生品。

(1)根据国际清算银行标准建立风险管理制度。上海清算所按照国际清算银行(BIS)的《中央对手方推荐标准》等标准和方法构建了风险管理制度。主要制度包括:清算会员准入与持续跟踪制度、保证金制度、清算基金制度、风险准备金制度、限额制度、盯市制度、实时监测制度与违约处理制度等。同时,上海清算所建立了风险管理委员会,并在风险管理委员会中建立外部专家委员制度,定期召开风险管理委员会会议。

在风险管理体系中,对于违约会员的处置原则为先使用保证金后使用清算基金,先使用违约清算会员交纳的资源后使用未违约清算会员交纳的资源,先由市场机构承担损失后由上海清算所承担损失。

(2)合约结算支持全额与净额结算两种模式。上海清算所清算的合约支持全额清算和净额清算。全额结算也称逐笔结算,是指结算系统对每笔交易都单独进行结算,一个买方对应一个卖方,当一方遇款不足时,系统不进行部分结算。净额结算是指在规定的时间段内,对市场参与者合约买卖的净差额和资金净差额进行交收。目前,上海清算所的衍生品交易都采用净额结算模式。

(3)航运和大宗商品交易采用"投资人—经纪公司/清算会员—上海清算所"的结算模式。航运及大宗商品结算业务参与者包括:一是投资人,指上海清算所认可的可参与航运及商品交易的交易主体。投资人包括客户及普通清算会员。二是经纪公司,指经上海清算所认定的帮助投资人达成航运及商品交易并向上海清算所实时发送交易成交数据的中介服务机构。经纪公司目前有上海汇锝利投资管理有限公司、华泰长城资本管理有限公司、上海新湖瑞丰金融服务有限公司等6家公司。成为上海清算所的经纪公司无注册资本、金融牌照等要求,只需为从事大宗商品/航运业务的企业并有一定数量客户(目前为20家),经纪公司不得成为相关业务的交易主体,只负责撮合投资人。三是清算会员,包括综合清算会员、普通清算会员和代理清算会员。综合清算会员可参与自营业务清算和代理业务清算,如浦发银行、交通银行、建设银行等;普通清算会员可参与自营业务清算,如中信证券、招商证券等;代理清算会员可参与代理业务清算。

(4)清算结构。上海清算所实行分层清算制度,与清算会员进行资金清算、结算,代理清算会员与其客户(投资人)进行资金清算、结算。

(5)航运及大宗商品结算业务流程。一是投资人在参与航运及大宗商品交易前选择代理清算会员。二是投资人通过经纪公司达成航运或大宗商品交易。三是经纪公司通过上海清算所客户终端将成交数据实时发送至上海清算所。四是上海清算所对所接收到的成交数据进行成交要素检查,然后将通过成交要素检查的客户成交数据实时发送至代理清算会员,由其进行承接确认,清算会员与投资人进行交易确认;交易确认后,上海清算所进行合约替代。五是上海清算所在日终对清算会员进行净额清算。六是上海清算所对清算会员进行结算,代理清算会员对投资人进行结算。具体结算业务流程如图4—13所示。

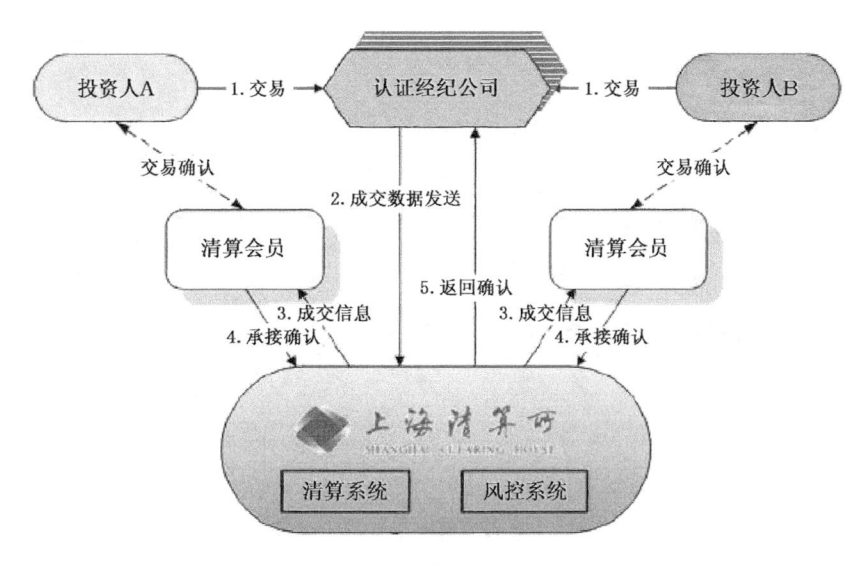

图 4-13　上海清算所结算业务流程

(三) 欧冶云商大宗商品交易市场

1. 欧冶云商简介

欧冶云商成立于 2015 年 2 月,是中国宝武整合原有大宗商品电子商务优质资源,以全新商业模式建立的第三方智慧服务平台。2017 年 5 月,欧冶云商成功实施了首轮股权开放,增资约 10.5 亿元;引入民营资本、海外资本、员工持股平台等,并于 2019 年 6 月完成了第二轮股权开放;深化推进混合所有制改革,是国资国企混改的第一批试点单位,目前注册资本金 41.75 亿元(见图 4-14)。

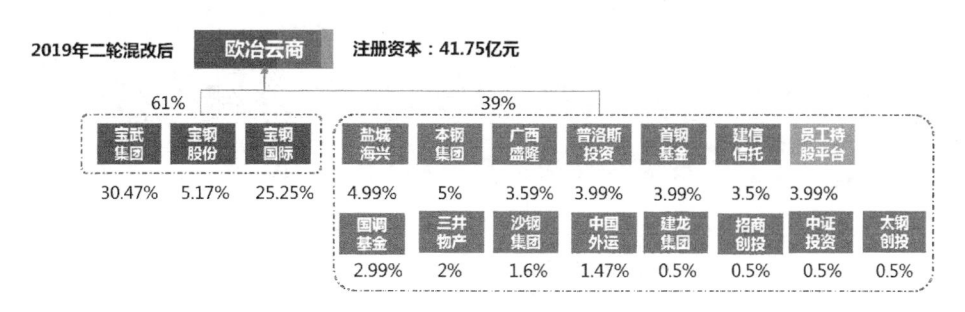

资料来源:欧冶云商官网。

图 4-14　欧冶云商混改后股份比例

自成立以来,欧冶云商业务规模和增速均保持行业领先水平,品牌影响力稳步提升。2019 年欧冶云商电商平台交易量达 2.35 亿吨(见图 4-15),比 2018 年增长 94%,并被评为全国供应链创新与应用试点企业、上海市商务诚信公众服务平台和上海市品牌培育示范企业等,成为钢铁行业主要电商平台。

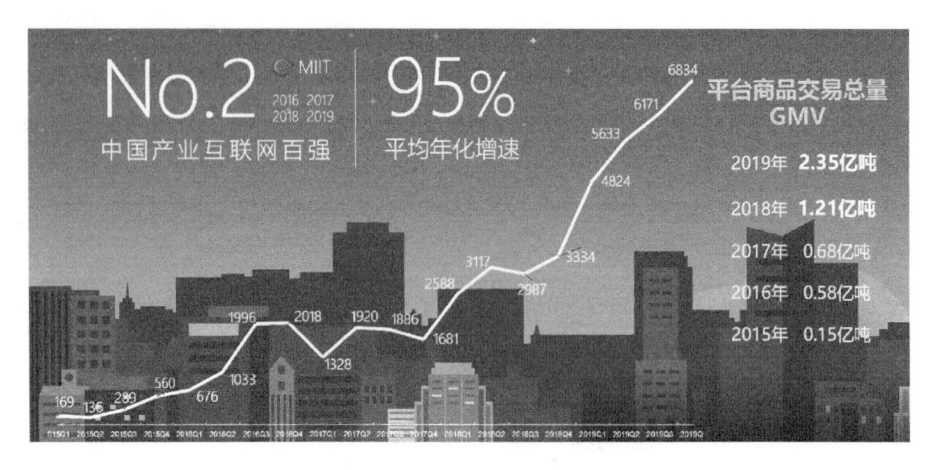

资料来源:欧冶云商官网。

图4-15 欧冶云商电商平台交易量趋势

欧冶云商通过整合钢铁产业链各方资源,打造集交易、物流、供应链金融、钢铁技术、大数据、资讯等综合服务为一体的第三方B2B平台,积极推进智慧供应链创新与实践,在平台型供应链服务创新方面走出了一条特色之路。同时,欧冶云商以高效智能的供应链服务汇聚了大量的中小微用户(见图4-16),基本构建形成了产业链上各方参与者集聚的钢铁生态圈。

资料来源:欧冶云商官网。

图4-16 欧冶云商电商平台服务上下游客户量

欧冶云商通过对供应链服务产品的不断创新,打造全流程、体验式的交易服务,建设网络化、智慧化的基础设施,构建多维度、数据化的信用体系,成为大宗商品交易的服务者、基础设施的提供者和信用体系的构建者,构筑具有活力的大宗商品共享服务生态圈。

2. 欧冶云商业务模式

欧冶云商各业务版块的核心产品及服务如下:

(1)仓单交易。基于欧冶电商平台,让钢材交易更简单,仓单交易帮助钢厂实现现货资源在线零售,帮助客户购买到钢厂一手资源,为上下游提供增值服务。

(2)订单交易(产能预售)。产能预售的本质是钢铁产能在线零售,实现对终端蚂蚁用户的高效触达,满足终端用户个性化需求,助力智慧制造。产能预售主要分为产能发售、订单转让、订货三个交易环节,产能预售合同(订单)在订货日前均可转让。订货后可实现与电商、物流、金融、加工等欧冶现有服务的快速融合对接。

(3)供应链服务。欧冶云商结合产业链上下游需求创新推出了供应链服务新模式,通过锁定资源、集批采购、按需销售,基于电商平台提供了钢材采购、物流跟单、第三方支付等全流程的供应链服务,同时积极向次终端和终端延伸,创新探索加工配送和工地配送模式。目前合作钢厂已超过300家,客户遍布金属制品、家电、装备制造、工程配送等各个行业,复购率达到76%。

(4)国际供应链服务。欧冶国际旨在打造服务社会的全球大宗商品交易平台,超越中国概念,形成全球化贸易和服务网络,支撑中国产业结构调整,实现资源的全球整合与优化配置。目前已经由欧冶国际参股投资在曼谷注册了一家钢铁电商公司 I Steel Thai Company Limited。

(5)工业品采购服务。欧冶采购提供专业的企业采购电商平台,依托核心客户多年积累的优质供应资源,将采购平台和管理体系输出到钢铁同行以及煤炭、新能源、化工、医疗、汽车等上下游产业,以构建企业采购服务生态圈。

(6)循环宝。循环物资网上交易平台,为企业循环物资处置实现增值。具体包括:为企业提供功能完整、专业、诚信的闲废物资处置网上平台,严格审核交易对象和交易物资,保证交易过程公平、公开、公正;帮助制造企业循环物资处置的互联网化,实现规范、快速、增值销售,提高客户黏性;为循环物资买家提供公平的交易环境和丰富的循环物资处置信息获取渠道。

(7)欧冶钢好 App。结合新资源、实时行情、热点资讯、大咖分享等优质内容的推送,与用户形成高频互动;结合用户角色或嵌入流程或适时推荐,为欧冶内部各产品引流;围绕终端、小散户,发掘并解决贸易流程中的痛点问题。

(8)大宗商品智慧物流服务平台。整合联结仓储、码头、运力等物流要素,通过物联感知、互联协作、智能模型、云计算等技术的集成应用,实现大宗商品物流全过程的数字化、高效化、智能化,为各相关方提供高效、便捷、可靠的物流产品和服务,打造支撑亿吨级钢铁物流的智慧物流服务网络(见图4—17)。

(9)运帮服务。致力于持续提升端到端的物流场景可视能力,强大运营管控能力,使物流运输环节的运能交易更便捷、更高效。平台具备运价发现、运能交易、运输跟踪、效率提升、运单管理、调度管理、跟踪管理、结算管理等功能。

(10)云仓服务。欧冶云商是"互联网+钢铁"领域全国最大的压倒性领先的O2O物流服务体系,覆盖全国近2 000家钢材仓库,高度协同,共同编织互联网化的仓储网络;协

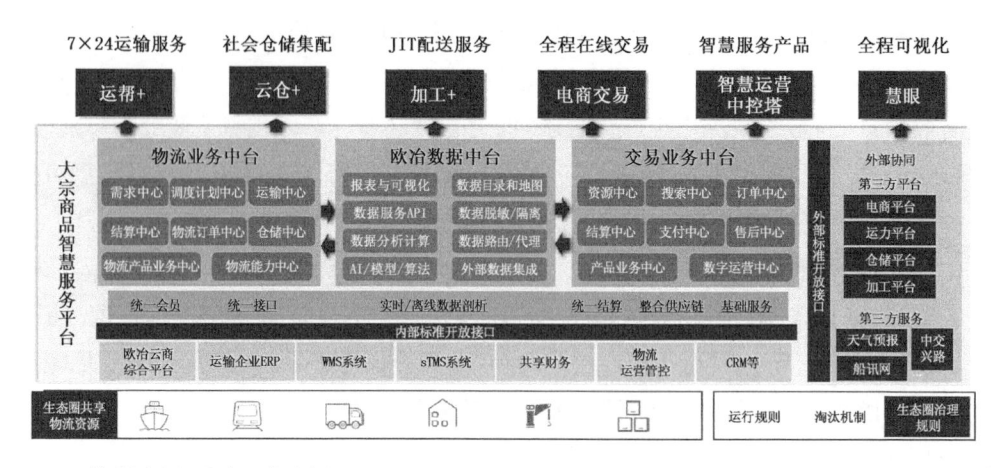

资料来源：欧冶云商官网。

图 4—17 欧冶云商大宗商品智慧物流平台

同服务钢铁生态圈各类货主客户,满足钢材仓储物流的多样化需求;科学严密的以"技防"为主的风控体系,高效、低成本实现流通环节"确货""确权"。

(11)加工服务。结合交易、物流、金融服务,联合社会优质加工厂构建钢材剪切加工服务体系,为用户提供高效、便捷、专业化的加工服务。目前已经对接 600 多个剪切加工中心,遍布全国。

(12)绿融产品。欧冶绿融是欧冶云商为钢铁生态圈提供的一款互联网化的在线供应链金融服务,类似黑色金属生态圈的"花呗"与"借呗"。具备"小额、分散、高频"的特点,主要解决钢铁贸易商在欧冶综合平台采购货物或销售货物时产生的临时资金需求。

(13)通宝产品。欧冶云商与中国人民银行数字货币研究所在区块链应用技术方面积极开展合作研究。其"通宝"业务就是基于区块链技术开发的科技金融服务平台。"通宝"是核心企业基于应付账款,向其供应商在线开立,由供应商持有的应收账款数字债权凭证。截至目前,通宝产品已经开立超过 200 亿元规模,持有方可以将通宝拆分、流转、融资或持有至到期收款。欧冶金服为通宝的开立、流转、融资提供全流程保驾服务。欧冶金服以通宝为载体,实现核心企业优质信用资源向中小微企业等生态圈末端分享,为金融服务供应链终端创造有利条件,从而实现"共建、共享高质量钢铁生态圈"的愿景。

(14)知钢技术服务。欧冶知钢业务全面系统地梳理了钢材标准及相关技术资料,形成技术知识专业数据库,组织全品种钢铁产品开发、制造和加工使用的技术专家群,提供钢铁技术和应用的随身软件、智能服务和综合解决方案。

(四)上海石油天然气交易中心大宗商品交易市场

上海石油天然气交易中心是在国家发改委、国家能源局直接指导下,由上海市人民政府批准设立的国家级能源交易平台。上海石油天然气交易中心于 2015 年 3 月 4 日在上海自贸区注册成立,2016 年 11 月 26 日正式运行,由 10 家股东单位组成(新华社、中国石油、中国石化、中国海油、申能集团、北京燃气、新奥能源、中国燃气、港华燃气、中国华能），注册资本金10亿元，类型为有限责任公司（国内合资）。

上海石油天然气交易中心的建设，既是油气价格市场化改革的重要成果，又是深化改革的重要支撑。2017年5月，中共中央国务院《关于深化石油天然气体制改革的若干意见》（中发〔2017〕15号）明确提出积极支持上海石油天然气交易中心等交易平台的发展。国家发改委、国家能源局多份重要文件亦明确支持上海石油天然气交易中心的发展，鼓励供需双方通过上海石油天然气交易中心等平台进行公开透明交易，充分发挥市场机制作用，形成市场交易价格。

1. 运行情况

一是交易量不断增加，上海石油天然气交易中心会员数超过2500家。2019年天然气全年双边交易量达到806.43亿立方米，居亚太最大天然气现货交易中心地位，较2018年全年增长33%。其中，管道天然气（PNG）成交712.96亿立方米，较2018年全年增幅28.37%；液化天然气（LNG）成交633.23万吨，较2018年增长90.22%。上海石油天然气交易中心着力构建优质、高效、多元的服务体系，当前会员数超过2500家，全国主要燃气企业均已成为其会员，境外会员包括壳牌、埃克森美孚等。此外，上海石油天然气交易中心充分利用官方微信公众号等新媒体渠道，致力于为能源界和金融界提供可信、可读、可用的精品信息。

二是发展战略：立足上海，服务全国，对标国际，接轨世界。按照"先气后油、先现货后期货、先国内后国际"的发展思路，打造具有国际影响力的五大平台，建设现代市场体系，形成"中国价格"。其中，五大平台是：(1)能源交易平台（管道天然气、液化天然气、汽油、柴油、LNG接收站窗口期；挂牌、竞价、招标、团购）。(2)信息交互平台（能源信息服务、油气价格指数）。(3)金融服务平台（保供预售交易、信用证结算、金融衍生品、贸易融资、能源领域投融资）。(4)改革助推平台（国家能源改革课题研究，助推油气市场化改革，承接市场化改革措施落地）。(5)交流合作平台（成为连接政府与市场、供方与需方、上游与下游、能源与金融、国内与国际、今天与未来的桥梁；引进来、走出去，探索与"一带一路"国家开展多层次能源合作）。

2. 业务模式

一是探索天然气保供预售交易。上海石油天然气交易中心于2018年4月在国内首次上线了天然气保供预售交易。2019年3月上海石油天然气交易中心在总结上年经验基础上，再次与中国海油推出LNG保供预售交易，对4月合同和11月合同分别采用竞价交易和定向挂牌交易。预售交易帮助下游企业提前锁定冬季的采购量和采购价，上游企业也可以提前到国际市场进行大额采购，并利用长协和期货等手段对冲风险，形成多赢的格局。

二是上线"液来气走"交易品种。2018年夏末，通过与中石油天然气销售公司多次沟通,上海石油天然气交易中心推出"液来气走"交易品种(L-PNG),交易标的为中石油天然气销售合同以外的市场化气量,来源为进口LNG现货,通过管道运输方式进行交付、无区域化升贴水。全年"液来气走"天然气交易总量为115.21万吨,为冬季保供提供了有力的资源保障。

三是开展"南气北上"线上交易。上海石油天然气交易中心联合中海石油气电集团、中石油天然气销售分公司稳步推进冬季保供"南气北上"线上交易。2019年度"南气北上"双边累计交易量达到6.42亿立方米。交易在2018年11月初进行,有30多家市场用户参与交易,提气点覆盖41处分输站场,日供应量最高可达1 000万立方米,总成交量7亿立方米。这是首次通过线上交易平台实现互联互通,将中海油沿海LNG资源通过中石油管道代输直达北方用户。

四是开展"进口LNG窗口一站通"上线交易。2018年9月和10月,上海石油天然气交易中心先后开展两期"进口LNG窗口一站通"交易,这是我国首个以公开竞价市场化运作的方式向第三方公平开放进口LNG窗口期产品。2019年,上海石油天然气交易中心再次寻求更大突破,推出"进口LNG窗口一站通"十年期和中短期等系列产品,扩大接收站开放范围、开放期限,为提升接收站利用效率、扩大海外资源进入国内渠道提供有力支持。

五是首创国内LNG线上年度合同团购交易,探索价格形成新机制。2020年1月24日至25日,上海石油天然气交易中心与中海油联合开展了2019年LNG年度合同团购交易活动。参团成交的用户可以享受团购优惠政策,并提前锁定年度基本合同量,上游企业也可以更好地提供充足稳定的货源保障,从而有利于稳定市场价格。除年度合同外,未来还将根据用户需求和市场情况,推出季度合同、月合同、周合同、日合同等多种合同组合,满足用户的增量和调峰需求,并通过上海石油天然气交易中心形成价格,发现市场供需变化,为形成具有价格风向标作用的华东价格指数奠定基础。

六是积极承接国家油气体制改革相关课题研究工作。上海石油天然气交易中心已完成多项国家发改委、国家能源局、国家粮食和物资储备局相关司局委托课题,目前正深度参与油气管网运营机制改革配套政策研究工作。上海石油天然气交易中心还抓紧开展国家发改委价格司委托课题《天然气价格前瞻性研究》,以及国家发改委体改司委托课题《管网独立后天然气行业市场交易规则问题研究》和《地方管网改革问题研究》,研究国家管网公司成立背景下的天然气价格改革思路和市场交易规则问题。

(五)上海有色网大宗商品资讯市场

上海有色网(SMM)创立于2000年,是国内领先的金属产业链信息、会展、研究、咨询和电子商务的独立第三方综合服务提供商,拥有50万注册用户,日均超过20万家企业访问。

1. 报价信息

SMM 价格包含铜、铝、铅、锌、锡、镍、钴、锂、不锈钢、稀土、钢铁、铁矿、小金属、再生金属以及贵金属等数十个品目,740 多个现货金属价格点。SMM 报价周期为每天或每周,采用规范化、客观化的采价流程,从每日现货市场采集而来(包括升贴水的采价),真实反馈当日相关金属市场实际价格运行情况;采价来源为与 SMM 签署书面协议《SMM 现货价格采标数据提交人协议》的冶炼厂、贸易商、下游加工企业等市场参与者。SMM 价格囊括近 20 年以来每个交易日的现货金属价格,采标样本企业近千家,成为市场一个重要结算基准价和参考标准。以下列举几个主要品种的定价方法:

(1)1♯电解铜。国标 GB/T 467－2010 规定:$Cu\_Ag \geq = 99.95\%$。升贴水说明:一是现货升水,指当天现货价格高于上海期货当月当天的即时卖出价。二是现货贴水,指当天现货价格低于上海期货当月当天的即时卖出价。三是升贴水区间,指平水铜及升水铜升贴水区间,不包含湿法铜升贴水区间。四是涨跌,升贴水分三个时间段报价,各时间段涨跌是与前一交易日 11:30 所报升贴水均值相比所得。五是参考成交数量:每笔 500～1 000 吨;交货方式:当天交付,买方自提;运输方式:铁路运、汽运、海运;付款方式:银行现汇,当天到账;交货地点:厂库自提;计价单位:元/吨;表现形式:以区间形态呈现,为含税价(含 13% 增值税);发布时间:每个工作日上午 10:30—11:00(法定节假日及双休日除外)。

(2)SMM 洋山铜溢价。最高价:取已核实成交价的最高值为最高价,在没有已核实成交价的情况下,取采集到的卖盘价最低值为最高价。最低价:取已核实成交价的最低值为最低价,在没有已核实成交价的情况下,取采集到的买盘价最高值为最低价。SMM 洋山铜溢价采集于每个交易日上午价格发布前真实交易的数据,反映的是价格公布时实际发生交易,或可成交的美金铜现货价格区间。SMM 价格于发布当天编写,价格于每个交易日的上午 11:30 公布。仅当遇公共假期影响市场时,报告的发布时间会提早一两天,但将在 SMM 官网(www.smm.cn)中明确说明。价格公布后,SMM 不会根据价格公布后所收集到的市场信息对价格再进行修正或调整。

(3)A00 铝锭。牌号:AL99.70;执行标准为:国标 GB/T 1196－2008。价格表示上海市场国产铝锭主要流通品牌成交价格区间。升贴水表示现货价格与沪期铝当月即时卖价所形成的价差区间。参考成交数量:每笔 100～1 000 吨。交货方式:当天交付,买方上海仓库自提。运输方式:汽运。付款方式:银行现汇,当天到账。交货地点:上海上港、上海中储、上海南储、上海裕强、上海全胜、上海中外运、无锡国储、无锡国联、无锡中储、无锡五矿。计价单位:元/吨。表现形式:价格是含增值税的买方仓库自提价格(含 13% 增值税)。

2. 有色商城

类似淘宝天猫商城模式,采用卖方挂牌、买方挂牌的交易形式,分为定价和升贴水交易模式。据 SMM 称,因成本问题,目前 SMM 不再继续做交易平台,在有色商城只是为买卖双方提供交易场所,SMM 不参与双方交易、结算(包括开票)的环节,也不履行担保责任。对交易商的企业资格的审核虽然没有一个明确的标准,但 SMM 会评估企业的信用,选取业界比较有口碑的企业。

3. 其他

融资方面,目前这块 SMM 主要介绍客户给银行做。另外物流方面,SMM 自行开发了一套物流定位系统,已经推荐给一些客户使用。

(六)浙江国际油气交易中心大宗商品交易市场

浙江国际油气交易中心(简称浙油中心,前身为浙江石油化工交易中心)于 2015 年 6 月正式揭牌成立,由世界 500 强、省属大型国有企业——物产中大集团和舟山市政府联合牵头组建,是浙江省政府批准的全省唯一一家专业从事石油化工产品交易服务的交易平台,也是浙江自贸试验区首批 10 家入驻企业之一,还是浙江自贸试验区"一中心三基地一示范区"目标任务中"一中心"建设的承接主体。2018 年 9 月 3 日,《浙江自贸区国际油品交易中心建设实施方案》获省政府批示同意,明确以浙油中心为基础推进国际油气交易中心建设。2019 年 5 月 22 日,浙江金监局、浙江自贸试验区、物产中大集团与上海金监局、上期所共同签署《共建长三角期现一体化油气交易市场战略合作协议》,共同支持浙油中心发展。2019 年 6 月 18 日,"浙江石油化工交易中心"正式更名为"浙江国际油气交易中心"。经过四年多的建设发展,浙油中心已成为浙江自贸试验区内客户资源最丰富、现货贸易最活跃、交易体系最完备、国际合作最深入的核心交易平台。

1. 运行情况

一是确定了从油品产业现货端着手,构建从现货交易到中远期交易的场外交易市场体系发展路径。二是配套交易模式研究,推进业务逻辑、规则合约、法律意见、交易系统等合规规则体系梳理,完成 30 项制度梳理。三是积极推动模式及品种备案,原油等 15 个品种已于 2019 年初上报监管部门,场外撮合模式已获得备案批复,新提交现货挂牌(修订)、单向竞价交易模式备案。四是积极推进"保税燃料油 90 天订单通"模式研究,完善易模式、配套系统、交易规则体系等建设,组织模拟盘大赛,进一步优化系统设计。

2019 年,浙油中心累计集聚会员企业 1 438 家,新增会员企业 444 家,会员企业实现贸易量 3 234.6 万吨,同比增长 50.86%,实现贸易额 1 422.23 亿元,同比小幅增长 16.75%,会员企业贡献税收约 2.6 亿元。

2. 业务模式

国务院 37、38 号文禁止集合竞价、电子撮合、连续交易等,对创新线上交易模式形成了限制。2020 年为大宗商品现货交易场所清理整顿攻坚的最后一年,政策调整趋势有待观察。浙油中心现有以下交易模式。

(1)挂牌交易。买方或卖方通过线上交易系统,将计划销售或拟采购商品的价格、数量等信息对外发布挂牌,由符合资格的对手方接受该要约并摘牌,按照"时间优先"原则成交后在线签订电子交易合同,根据合同约定完成款项支付和实物交收。现货挂牌分为采购挂牌和销售挂牌。

(2)单向竞价。类招标:买方或卖方通过线上交易系统,将计划销售或拟采购商品的价格、数量等信息以标书的形式对外发布,由符合资格的对手方参与投标,按照"价格优先、时间优先"的原则成交。双方在线签订中标确认书,并按照中标确认书约定完成合同签订和实物交收。该模式按照发起者不同交易需求,分为销售类招标和采购类招标;按照面向客户群体不同,分为明标与暗标。

类拍卖:卖方通过线上交易系统,将计划销售商品的数量、价格、最小出价变动单位等信息对外发布竞价要约,由符合资格的对手方在起拍价上自主竞价,在规定时间内按照"价格优先、时间优先"的原则成交。双方在线签订电子交易合同,并按照合同约定完成实物交收。

(3)场外撮合。买方或卖方通过线上交易系统,将商品的价格、数量等信息上报经济商,由经济商对外发布,寻找意向客户,按照"价格优先、时间优先"的原则进行撮合,达成成交意向后,提交浙油中心审核、登记、结算。双方在线签订电子购销合同,并按照合同约定完成实物交收。

3. 比较分析

以 2018 年 9 月省政府批复的《浙江自贸区国际油品交易中心建设实施方案》为战略指引,浙油中心聚焦油气全产业链,本着服务实体经济的理念,为油气产业客户提供贴合自身需求的产品。

产品设计秉承以下理念:

(1)操作更便捷。交易系统操作流程简单,助力企业运用电子商务手段,提升管理水平。

(2)利润最大化。降低交易成本,实现大宗商品价值发现,提升企业销售收入。

(3)公开透明。参与过程公开透明,能有效避免传统采购销售中暗箱操作的现象,非常适合大宗商品的集中采购和销售。

(4)经营效率。为广大企业提供新销售/采购渠道,扩大交易参与群体。

(七)发挥优势,整合资源,形成强大国内市场

上期所充分发挥国家级信用优势,整合大宗商品行业资源,在促进上期标准仓单交易平台建设的同时,加强与欧冶云商、浙油中心等长三角大宗商品要素市场的合作,实现资源共享与双赢,以实际行动践行长三角一体化战略。

一是上期所在黑色金属领域与欧冶云商开展合作。2020 年 9 月,欧冶云商报价专区在上期标准仓单交易平台成功上线。欧冶云商报价专区的上线,是黑色金属领域的一次重大突破。欧冶云商报价专区上线,将进一步深化上期所和宝武集团的战略合作,共同打

造黑色金属产业链一体化服务平台,有助于延伸平台服务黑色金属行业和实体经济的能力。通过报价专区,欧冶现有的生态圈资源和服务能够更便捷地服务于上期所的交易客户,从产业端为行业提供多维度的支撑,形成有特色的场内场外联动市场,填补黑色金属期现联动领域的市场空白。

二是上期所在油气领域与浙油中心开展合作。2019年12月,浙油中心报价专区在上期标准仓单交易平台成功上线。报价专区功能的上线,是落实2019年长三角主要领导座谈会重点签约项目《共建长三角期现一体化油气交易市场战略合作协议》的阶段性成果。浙油中心和上期所合作在上期标准仓单交易平台开通"浙油中心报价专区",是深化落实与浙江省政府战略合作的一次有力探索,是推动期货与现货、场内与场外、线上与线下、境内与境外等市场互联互通的一次有益尝试。

2020年3月,国务院《关于支持中国(浙江)自由贸易试验区油气全产业链开放发展若干措施的批复》(国函〔2020〕32号)明确提出,支持浙江自贸试验区与上期所等国内期货现货交易平台合作。

2020年11月,上期所下属上海国际能源交易中心战略入股浙油中心。此次战略入股,有助于促进期货市场与现货市场深度结合,更好地建设期现一体化国际油气交易市场。一是共建长三角油品交割基地,与浙江自贸区油气全产业链"一中心三基地一示范区"建设形成有效联动,共同保障国家能源安全;二是做好成品油、LNG等油气期货品种储备,拓展期货市场服务油气产业链发展的深度与广度;三是上期所提供区块链技术,共同建设浙江省保税商品登记平台,培育长三角保税油气现货市场;四是以上期标准仓单交易平台为纽带,与浙油中心实现仓单互认互通,探索开展保税仓单交易。

上期所将以与欧冶云商、浙油中心的合作为起点,加强与长三角大宗商品要素市场的合作,增加报价专区合作机构,拓展合作空间,形成强大国内市场。

三、大宗商品要素市场建设存在的问题

习近平总书记指出:"防范化解金融风险特别是防止发生系统性金融风险,是金融工作的根本性任务。"风险与金融相伴而生,随着我国大宗商品要素市场的发展,风险种类增多,复杂性增强,存在的问题不断加剧,风险后果也将更加严重,因此要切实按照习近平总书记的要求,把主动防范化解系统性金融风险放在更加重要的位置。

在大宗商品要素市场建设中,主要存在交易标准化与客户需求多样化的矛盾突出、场外衍生品市场信用风险逐渐积聚、大宗商品期货市场服务实体经济的宽度与广度不足等问题。其中,交易标准化与客户需求多样化矛盾突出问题属于行业和企业自身可以解决的问题,由于涉及面广、解决难度大,需要政府提供政策支持。

（一）交易标准化与客户需求多样化的矛盾突出

交易标准化与客户需求多样化矛盾主要体现在三方面：一是指定交割地点相对集中与产业布局相对分散的矛盾；二是固定的交割时间与现货贸易时间灵活的矛盾；三是交割品种标准化与现货贸易品质多样性的矛盾。这些矛盾导致期货买方分配的仓单与实际需求不完全相符、期现价格关系不稳定、收敛性下降等情况时有发生。

交易商开展场内或场外衍生品业务的主要目的是为了风险管理或对冲，但具体操作时却千差万别。场内市场品种数量有限，一般很难直接满足交易商的业务对冲需求。最典型的例子是各现货交易所大多开展某一个类型或种类的大宗商品交易，但大多交易清淡，影响力和规模有限，主要原因之一就在于无法满足多样化的个性要求。而国外的情况有所不同，例如，CME 早在 2002 年就建立了场外业务清算平台 CME ClearPort，并在 2008 年之后投入更多的资源，加快场外品种的推出。伦敦金属交易所（LME）则除了既有的场内交易系统外，还专门建设了 LME Sword 系统和 LME Shield 系统。前者可以帮助交易商在收到 LME 随机分配的仓单后，根据自身需求进行仓单串换流转，进而获取符合自身要求的仓单；后者可以为非标仓单市场提供安全有效的大宗商品凭证管理，并在此基础上开展非标仓单融资业务等，从而和既有场内市场共同构建一个多层次的商品市场体系。

（二）场外衍生品市场系统性风险和交易对手信用风险逐渐积聚

系统性金融风险主要是指单个金融事件如金融机构倒闭、债务违约、金融价格波动等引起整个金融体系的危机，并导致经济和社会福利遭受重大损失的风险。如果一个金融事件确实引起了金融体系的系统性危机，那么其必要的过程可能包括以下几步：第一，它可能开始于金融产品市场价格的下跌或者某个金融机构一次交易行为的失败；第二，金融产品市场价格的下跌迅速波及其他市场和其他国家；第三，金融市场价格的下跌引起一家或多家金融机构倒闭；第四，金融机构倒闭引起银行和支付体系的危机；第五，如果危机无法控制，则最终会严重影响实体经济。这几个过程可能循序渐进发生，也可能彼此交叉出现。

系统性金融风险不是指任何一个单一金融机构的倒闭风险或者单一金融市场的波动风险，是基于全局视角影响整个金融系统稳定的风险。因此，不要把单一风险事件或局部发生的金融风险界定为系统性金融风险。随着金融机构、金融市场之间联动性增强，任何一个微小的金融风险都可能通过金融体系的复杂网络对其他机构或市场产生影响，进而引发系统性金融风险，就像"蝴蝶效应"。因此，要高度重视单一风险或局部风险的处置，早识别早处理，防止单一风险或局部风险演化为系统性金融风险。系统性金融风险具有较强的负外部性，金融风险会从一个机构、市场或金融系统向另一个传播，引发系统性的市场震荡，从而影响到几乎所有的金融机构和市场乃至实体经济。这意味着单个金融机构倒闭的成本最终会由金融系统的所有参与者共同承担。

交易对手信用风险是指交易对手未能履行约定契约中的义务而造成经济损失的风险。巴塞尔委员会认为对未结算的证券、商品和外汇交易，从交易日开始都会面临交易对手风险，特别是交易对手的信用风险。交易对手信用风险可能与市场风险、流动性风险、法律和操作风险都有联系。

　　20世纪90年代以来，随着场外衍生品市场的快速扩张，交易对手信用风险逐步成为欧美大型金融机构面临的主要风险之一。2008年金融危机以来，交易对手信用风险的概念扩大为不仅包括交易对手违约给另一方带来的损失，还包括交易对手信用状况恶化（如评级降低）导致交易合约估值下降给另一方带来的损失，即信用估值调整（Credit Valuation Adjustment，简称CVA）损失。衍生工具交易对手违约风险是衍生工具交易对手信用风险的一个重要组成部分，具体指的是衍生工具在最终清算交易现金流之前交易对手违约导致损失的风险。

　　对于交易对手信用风险，风险管理办法最常见的有两种方式，即净额结算和交易担保。净额结算是指场外衍生品的交易双方通常会同时有多笔交易存在，在这种情况下他们通常会签订法律协议，在其中一方违约的情况下，对协议覆盖的所有交易进行轧差，并按照轧差计算得到的净额进行交收。交易一方可能在一笔交易中处于获利状态，在另一笔交易中处于浮亏状态，那么在获利的交易被违约时，被违约方在该笔交易中面临的正的交易替换损失可以通过另一笔负的交易替换损失来对冲。在这种情况下，风险暴露是所有交易的市值净额。另一种常见的方式是交易担保。交易担保指的是为了防止发生信用违约而缴纳担保品或者保证金，收取交易担保品或保证金的一方面临的信用风险暴露就相应减少。由于担保品或保证金的存在，交易一方发生违约时，被违约方可以得到一定的弥补，从而减少了潜在的交易替换损失。信用担保品或保证金的相关协议在实际中可能会比较复杂，涉及什么情况下开始缴纳、缴纳的比例、担保品价值的估算方式和频率等多方面。尽管如此，但履约担保品或保证金的存在还是可以有效地降低交易中的信用风险。

　　场外衍生品市场总规模大、产品种类多，部分产品之间基于底层商品而互有联系。以交易所提供的场外衍生品为例，洲际交易所（ICE）提供的场外相关产品或合约超过1 000个，其中能源类品种包括天然气、电力、原油、成品油等就有600多个。一旦某个产品发生风险事件，很可能引发整个体系产生风险蔓延。与此同时，给予个性化开发的原因，是单个产品可能存在流动性不足的风险。例如芝商所集团（CME）提供了超过1 800个场外交易合约，内容涵盖能源、农产品、金属、商品指数互换等多个方面，某些产品或合约的设计初衷是为了某一类型客户量身定制，多次流通或再次流通的难度较大，这使得该产品流动性不是很好，合约违约的概率相对较高。2008年金融危机后，美国等金融监管机构加强监管，普遍强制引入了中央对手方清算机制，即CCP机制，通过交易所增信和集中清算确保履约，进而防范可能存在的违约风险，这对我们推进场外要素市场建设是很好的经验借鉴。

为争夺优质产业客户,场外衍生品市场或平台以及交易商等积极推进金融创新,例如纷纷推出了授信或场外授信等。授信本身没有问题,法律法规从未禁止,实际操作中也较为成熟且常见。但近年来发生了多起风险事件,最后大多归因于违规授信,可见好的业务,也需要配套完善的风险防范和监管手段才能发挥积极作用。另外,在全球范围内,信用风险、市场风险等是市场的常态化风险,除了要以理性客观的心态去面对,还需要运用先进的技术手段进行全流程管控。特别是考虑到我国市场机制尚不完善,有必要依托既有的具有多年运行经验且管理规范的交易场所,从市场微观制度、宏观文化层面入手,在前期对参与者做尽职调查,中期做好资金或保证金的收取和追缴,后期做好违约后的处置,每个环节都要构建完善的规章制度和管控手段。同时还要充分考虑可能存在的,部分市场主体基于利益追求,在实际开展业务时会放松合规与风控要求等情况。

(三)大宗商品期货市场服务实体经济的宽度与广度不足

从发达国家期货市场出发,沿商品期货市场产业链向下扎根现货市场,从标准仓单交易走向延伸仓单交易是我国经济发展的必然趋势,既是推动建设多层次商品衍生品市场体系的重要举措,又可以完善我国商品要素价格形成机制,为国家推进供给侧结构性改革提供助力。

标准仓单仅仅是大宗商品现货市场的小部分,在上期所期货交割仓库中,延伸仓单与标准仓单之间的比例高达9∶1。为切实促进期货市场有效地服务于终端现货市场,亟须上期标准仓单交易平台在标准仓单交易的成功基础上通过拓展延伸仓单交易,真正打通服务实体经济的"最后一公里"。

四、大宗商品要素市场建设方案建议

(一)以标准仓单交易平台建设为突破口,提升服务大宗商品行业多元化需求的能力

在上期所上期标准仓单交易平台现有的卖方挂牌、买方挂牌、定向挂牌和报价专区的基础上,推出仓单质押融资、手机App二期、期现联动交易客户端、仓单冲抵发票保证金、仓单竞买等新功能,在现有的有色品种、天胶、白银和黑色金属的基础上,逐步推出天胶延伸仓单、保税标准仓单及厂库仓单交易。

1. 标准仓单交易功能拓展

(1)仓单质押融资功能。线上仓单质押融资功能依托于标准仓单管理系统的原有的所外质押业务,旨在优化传统仓单质押面临的管理难、盯市难、处置难等问题。在充分厘清交易所在该项业务中的法律风险的基础上,可通过提供线上仓单质押融资功能,支持商业银行发展标准仓单质押融资业务,更好地服务实体企业。该业务已于2020年11月上线,受到银行与广大实体企业的广泛欢迎。

(2)期现联动交易软件。目前,许多交易商在进行仓单买卖交易的同时,需要在期货

盘面进行相应的套保操作,但是由于仓单和期货两个交易软件是分离的,经常发生操作不及时带来的"滑点"损失。通过与期货交易软件的主流软件商合作,开发期现联动的专业版交易软件,提供期现联动指令功能,可满足交易商的套保交易需求。

(3)仓单冲抵发票保证金。根据市场的反馈,使用一定比例的货款作为发票保证金增加了卖方交易商的资金成本,影响了交易商参与仓单交易的积极性。在风险可控的前提下,为了提高交易商的积极性,上期所提出使用标准仓单充抵发票保证金业务,允许交易商使用标准仓单冲抵一定的额度作为标准仓单交易过程中的发票保证金使用。

(4)竞买业务。竞买交易又称拍卖交易,是一种特殊的交易方式,一般用于文物、艺术品、不动产等特殊商品的买卖。我们引入竞价交易,一方面是由于一些卖方具有相对的资源优势,其产品需要通过一定的公平竞争的方式才能取得;另一方面,可以解决结算或交收过程中可能出现的违约处置问题,以及未来的质押融资业务中接受质权人委托处理相关仓单。

(5)手机 App 二期。手机 App 二期主要是增加买方和定向功能,优化原有的地图展示等相关功能。

2. 延伸仓单交易

从行业实践来看,"互联网+"新兴平台模式已经成为大宗商品市场发展的必然趋势,以上期所标准仓单交易平台为代表的市场流通主体转型升级创新对于市场发展和企业发展都具有重要意义。

3. 保税仓单交易

上期所通过与相关地区海关合作,以物联网、区块链的技术打造保税仓单的登记中心,对保税仓单进行有效的识别和认证,旨在消除监管部门的后顾之忧。保税仓单登记中心的建立,可以促进保税仓单的交易和融资,从而大大提升保税仓单的流转和资源的有效配置,促进保税仓单和保税期货品种的有效期限对接,以打通期货与现货、场内与场外交易。

(二)开展集中清算服务,降低场外衍生品市场信用风险

场外衍生品业务主要是为了适应高速发展的场外衍生品市场的需求,建议推出迎合市场需求的商品互换产品、基差交易产品和场外期权产品,以及推出场外衍生品的统一登记、统一交易和中央对手方清算服务。

2008 年全球金融危机后,场外衍生品中央对手方清算逐渐成为国际共识。2009 年 9 月,二十国集团(G20)匹兹堡峰会就达成了对全球场外衍生品市场进行监管改革的共识,决定推进标准化的场外衍生品,并建立了交易所电子平台交易、集中清算、交易信息库报告、资本金和保证金约束等制度。

为了降低场外交易的对手方违约风险,CME 于 2002 年推出了场外交易清算平台 CME ClearPort,为场外交易合约进行交易所清算服务。CME ClearPort 允许交易在场外

进行,交易达成后由场外经纪商将交易输入至 CME ClearPort 进行交易所的中央清算,交易所对所有清算的场外交易合约实行保证金制并进行逐日盯市。也就是说,通过 CME ClearPort 交易 OTC 合约,既保留了 OTC 市场的灵活性,又实现了交易后的中央清算,显著降低了 OTC 交易的对手方信用风险。

2002 年,ICE 与伦敦清算所合作,尝试对原油场外互换进行集中清算,之后 ICE 又于 2009 年推出了首个可清算互换产品——白糖互换。2013 年 4 月,ICE 并购了欧洲天然气现货交易所(ENDEX),通过整合现货、场外衍生品交易,进一步垄断了能源市场。2013 年,ICE 向美国商品期货交易委员会(CFTC)申请成为互换执行设施(SEFs),在 CFTC 的监管下继续扩展互换业务。通过不断兼并收购期货、现货衍生品交易所,以及引入中央对手清算机制,ICE 承担了对场外衍生品的清算业务,成为国际期货市场的后起之秀。

目前我国大宗商品要素市场缺乏国家级公信力的交易所来为大宗商品场外衍生品市场提供中央对手方清算。2019 年下半年"中拓系"风险事件充分暴露了场外衍生品市场发展中的交易对手方信用风险。鉴于 2019 年我国大宗商品场外衍生品市场规模已达到 1.2 万亿元,迫切需要监管层赋予上期所开展场外衍生品业务集中清算的中央对手方身份,以切实降低场外衍生品的信用风险。

1. 场外平台的交易业务结构

根据当前国内场外衍生品的实际业务情况,可引入一批信用高、资金充裕、风险管理能力强的机构和期货风险子公司作为一级交易商,搭建机构间对冲交易市场。同时,为每个一级交易商建立一个独立的做市商市场,由做市商为全市场的客户提供个性化的场外衍生品交易服务。通过引入商业银行和有实力的做市商建设满足实体企业个性化风险管理需求的场外衍生品生态圈。场外平台的交易业务结构如图 4—18 所示。

机构间市场,指仅允许一级交易商之间进行交易的市场,可交易的产品由交易所确定并挂牌,产品内容相对标准化。机构间市场交易方式包含两类:一是连续竞价;二是协商。做市商市场为每个一级交易商提供一个相对独立的交易圈,圈内的二级交易商或经代理商代理参与交易的客户只能与该做市商进行交易,圈内的二级交易商或客户不能相互交易。做市商市场采用报价驱动和协商的交易方式,即做市商根据交易所规定可以在制定商品和合约上提供双边报价,可以根据客户或二级交易商的询价请求提供响应报价。其特点为:在该市场下,所有合约的成交价格完全是由一级交易商双边报价或回应询价所决定。

登记系统的作用是为线下达成的买卖双方提供参与线上集中清算的渠道。登记系统与交易平台的品种关联,可以是交易平台已经上市交易的品种或合约。互换除品种外其他条款都可以自定义后进行登记,自定义保证金标准的合约只能双边清算;场外期权普通合约以及品种和标的合约只能在备选项中选择,其他条款都可以自定义,自定义保证金标准的合约只能双边清算,期权组合合约只能登记交易所认可的标准组合,组合的每个选项

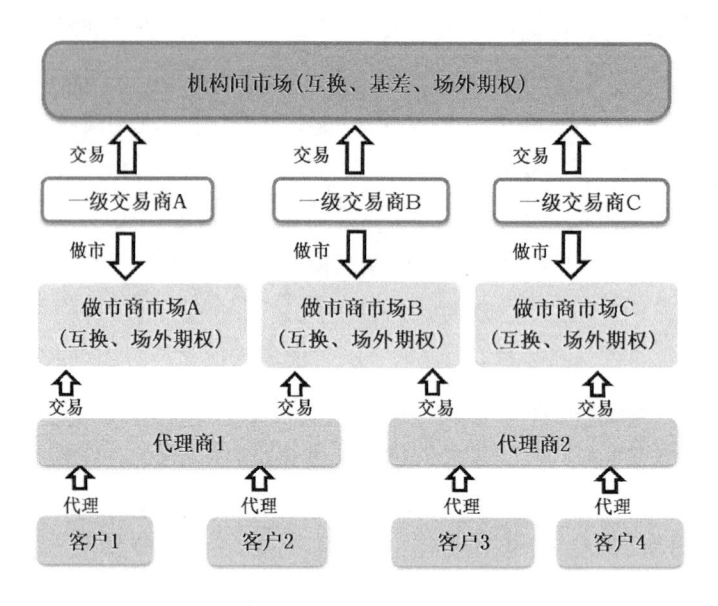

图 4—18 场外平台的交易业务结构

合约须是符合集中清算的普通合约。

2. 场外平台参与者结构

（1）交易商。交易商是场外衍生品业务参与的主体。根据交易商的资质，将其分为一级交易商和二级交易商。其中，一级交易商是商业银行、证券公司、行业内知名企业以及风险管理子公司，资质好、信誉高，可以直接参与场外市场的交易。二级交易商是与一级交易商有业务往来的企业，其只能与关联的一级交易商进行成交。一级交易商的资质按照品种进行管理。

交易商分级，一方面可以发挥一级交易商的优势，保护交易商的客户资源，为其客户提供更加个性化的交易服务；另一方面，通过交易商分级，有利于隔离风险，加强交易商的风险管理。

（2）介绍业务商。场外衍生品业务可增加介绍业务商，主要是为了扩大市场资源，吸引更多的企业参与场外业务，为一级交易商带来更多的业务资源，扩大平台服务实体经济的广度。介绍业务商应为客户申请开立交易账户，客户需要经过介绍业务商参与场外衍生品业务。

（3）结算商。结算商分为自营结算商和委托结算商。自营结算商为其自营业务进行结算，仅限一级交易商申请。银行和券商等大型金融机构可以申请成为场外衍生品业务的委托结算商，接受交易商和客户的委托为其交易进行结算。平台对结算商进行结算，委托结算商负责对交易商和客户的结算。一级交易商可以申请自营结算或委托结算商进行结算。

（4）客户。中小微企业可以通过代理商参与场外衍生品业务，在代理商开户时客户需要指定对应的结算商,交易过程中客户仅与一级交易商进行成交。

3. 引入商业银行,建立分级结算模式

场外平台分级结算模式如图4-19所示。

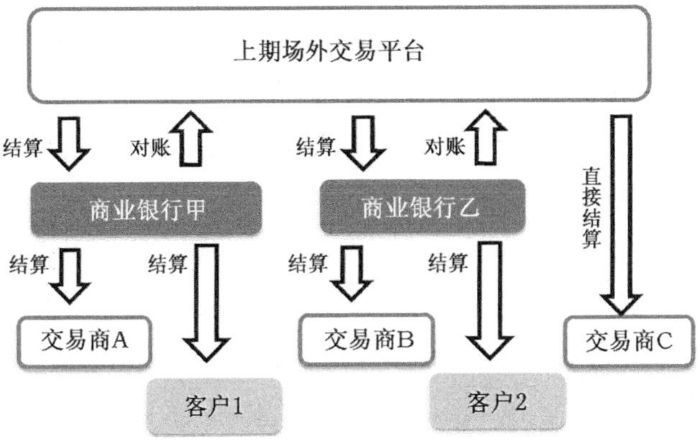

图4-19 场外平台分级结算模式

为了增强场外衍生品平台的抗风险能力,场外交易平台拟引入商业银行成为结算商,对于场外衍生品交易,由交易所对结算商进行结算,结算商为交易商和客户提供分级结算服务。

交易所会在指定结算银行开立专用资金结算账户,而每个交易商或客户应在指定结算银行开立结算账户,并与交易所的专用结算账户进行关联。

交易平台会为自营结算商和委托结算商开立一个资金账户,一个资金账户可以支持所有场外业务模式(互换和期权)对应的交易账户。此外,交易平台还可以新开立一个资金账户(可设置别名)单独支持某个交易模式的交易账户,多个资金账户可以对应同一个银行账户。

委托结算商的资金账户下为其受托结算的每个客户或交易商分别开立资金子账户。结算商对客户或交易商的每笔委托交易做好资金冻结工作,对每笔成交额做好费用划拨和资金划转或保证金冻结工作。每日日终结算商与交易平台的结算结果进行对账,对账内容包括手续费(汇总和明细)、货款(汇总和明细)、保证金(汇总和明细)等。

(1)基差交易业务。基差交易本质上是一种定金合同,指买卖双方预先支付一定比例的履约保证金,约定在未来的某一确定时间,以某个期货合约加减升贴水后确定的价格买卖一定数量商品的交易方式。

与目前的标准仓单交易方式不同,基差交易成交后并不能立刻完成仓单的过户和货款的划转,而是需等到约定的交收时间后买卖双方才分别提交仓单和货款并完成仓单过户、货款划转以及票据的流转。该交易模式主要针对那些采用定金方式进行交易的现货买卖,这种交易方式可以满足大型生产企业的专场购销需求,也可以满足企业的提前定价和个性化风险管理需求。

(2)商品互换业务。商品互换,是指双方约定在一个特定的时间范围内,对一定数量的商品以固定价格结算的货款交换以浮动价格计算的货款的行为。目前国际互换(也称掉期)市场已足够成熟,国内互换市场处于高速发展的起步阶段,未来发展空间巨大。企业和机构希望交易所尽快推出一个高公信力的交易与清算平台,为买卖双方提供信用中介服务以及交易、清算和交收服务。根据市场调研情况,商品互换合约标的主要包括商品期货价格、商品现货价格、期现基差、跨期货品种价差、期货合约跨期价差、商品价格指数等多种类型。一是期货价格,如玉米期货价格、鸡蛋期货价格、豆油期货价格、棕榈油期货价格等。二是现货价格,如唐山方坯现货价格等。三是跨期货品种价差,如螺纹钢与热轧卷板期货合约价差等。四是期货合约跨期价差,如天然橡胶01合约与09合约的跨期价差等。五是商品价格指数,如mysteel钢坯现货价格指数、大商所化工期货价格指数等。在商品互换案例中,与上期所期货品种相关的标的主要包括螺纹钢、热轧卷板、天然橡胶、铜、沥青、原油和黄金等。

(3)场外期权业务。场外期权主要指非交易所内交易的期权。与场内期权相比,场外期权交易的品种范围更加广泛,行权价和到期日更灵活,行权交收可以采用实物交收也可以采用现金交收(国内以现金交收为主),以满足企业和机构的个性化需求。场外期权交易中卖方需要缴纳履约保证金并根据参考价格逐日盯市,买方则仅须支付全额权利金。

(4)场外衍生品业务风险管理措施。为防范和化解中央对手清算风险,交易所实行清算限额、持仓限额、保证金、日间容忍度、实时监控、清算基金、风险准备金等风险管理措施。

①保证金。保证金是结算商向交易所缴纳的现金或有价证券,用于弥补自营结算商或委托结算商违规违约对交易所造成的损失。保证金包括初始保证金和变动准备金。

初始保证金是指为了弥补结算商发生违约时处理剩余头寸的损失,在开仓时缴纳的资金。当场外衍生品买卖双方成交后,交易所按持仓合约价值的一定比率或交易所规定的其他方式向一方或双方分别收取交易保证金。

维持保证金是指当标的资产价格发生变化时,结算商存入交易所专用清算账户中确保合约履行的资金。

交易所根据结算商当日保证金中的货币资金部分,以不低于中国人民银行公布的同期银行活期存款利率计算利息,并在每年3月、6月、9月、12月存管银行支付利息日后的下一个工作日内,将利息转入结算商结算准备金。其具体执行利率由交易所确定、调整并公布。

当日盈亏在每日结算时不进行划转,结算完毕后,结算商的保证金不足时,该结算结果即视为交易所向结算商发出的追加保证金通知。

②涨跌停板制度。商品互换业务实行价格涨跌停板制度，由交易所制定商品互换合约的每日最大价格波动幅度。

交易所根据市场情况决定调整涨跌停板幅度，并以公告的形式对外发布。

③清算限额。清算限额用于计算初始保证金所对应的风险敞口额度。风险敞口是基于损失分布假设及一级交易商与结算商的当前头寸数据，通过压力测试，在历史及特殊场景下计算出的在平仓期间、一定置信度下该一级交易商与结算商头寸组合可能产生的最大潜在损失。

根据一级交易商与结算商的资质与交易记录，交易所有权对清算限额进行调整。

④持仓限额。持仓限额是指交易所规定的交易商或者客户持仓的最大数量。同一客户在不同代理商处开仓交易，其持仓合计不得超过该客户的持仓限额。交易商、客户持仓达到或者超过持仓限额的，不得同方向开仓交易。

交易所为交易商、客户分别设定持仓限额，并可根据实际情况进行调整，确定持仓限额。

⑤日间容忍度。日间容忍度是指交易所对于结算商实时保证金缺口的最大容忍额度。其中保证金缺口＝保证金要求－保证金有效余额。结算商的自营清算业务和代理清算业务的日间容忍度分开设定和使用。

⑥实时监控。实时监控是指交易所实时监测结算商的头寸、盯市损益等风险指标，并根据业务具体要求，对结算商采取风险提示、追加保证金等各项措施。

⑦违约基金。违约基金是结算商参与清算业务时向交易所缴纳的现金资产，是中央对手清算业务风险准备资源的重要组成部分，用以弥补结算商违约时保证金资产不足而产生的可能的损失。

业务上线初期，为了提高市场参与者积极性和控制业务规模，建议收取相对较低的基金水平，后期可随着业务规模扩大再逐步增加违约基金收取水平。后期违约基金总规模按照压力测试情景下，可以针对风险最大的两家结算商违约损失进行收取，每家的违约基金份额根据持有的实际头寸比例进行调整。

违约基金规模计算采用以下两种方法：

方法一：根据《巴塞尔协议Ⅲ》之交易对手信用风险的监管与度量，计算中央对手方对所有清算会员和客户的交易对手信用风险应计提的虚拟资本要求。

其中 EAD_i 表示清算会员的风险敞口；RW 表示风险权重；CR(Capital Ratio)表示资本比率。

方法二：参考国外交易所违约基金模型，依据特定历史数据进行压力测试，计算在一定置信水平下最大两家结算商发生违约时的风险敞口，作为收取违约基金规模的依据。

一是假设商品互换保证金比例为 4%，名义本金规模为 100 亿元，依照方法一，计算违约基金规模：$K_{CCP} = 1.4 \times 100 亿 \times (100\% - 4\%) \times 10\% \times 8\% = 1.08 亿元$。

二是假设有20家结算商,清算限额均为5亿元,假设两家结算商发生违约,涨跌幅保证金均为4%,依照方法二,在压力测试下(99%的置信水平下)该产品单边损失不会超过三个涨跌停板(按照4%、5%、6%计算),即15%;风险敞口为:2×5亿×(15%－4%)＝1.1亿元,则违约基金规模为1.1亿元。

按上述两种方法,违约金规模设定为1.1亿元。

初期交易分摊5 000万元,剩余的6 000万元由20家清算商分摊,每家分摊300万元。后期各家清算商违约基金分摊比例按照名义本金占市场比例分摊。

违约基金分为基础违约基金和变动违约基金。基础违约基金是指结算商参与交易所结算业务必须缴纳的最低违约基金金额。变动违约基金是指结算商违约基金中超过基础违约基金的部分,随结算商业务量的变化而调整。违约基金应当以现金形式缴纳。

交易所每个季度首个交易日确定本季度全市场的违约基金基数,作为计算各结算商应当分担的违约基金的依据。

⑧场外业务专项风险准备金。场外业务专项风险准备金是交易所根据场外业务收入的一定比例提取的专项资金,用于弥补结算商重大违约损失以及与交易所承接的金融市场清算业务活动有关的重大风险事故损失。

设立场外衍生品专项风险准备金,可以防范极端市场条件下结算商缴纳的风险准备资源无法覆盖的部分损失,并与场内期货市场风险准备金隔离管理。

建议初期从交易所自有资金中划拨一部分作为场外业务风险准备金,后期可以根据场外衍生品收入,提取一定比例作为交易所场外专项风险准备金。

⑨违约损失瀑布。违约损失瀑布就是当违约损失事件发生后,用于弥补损失的资金的使用顺序。对于每次违约事件,按以下顺序使用风险准备资源,以弥补结算商违约行为造成交易所的损失。

一是违约的结算商在涉及违约的场外业务中缴纳的保证金。二是违约结算商在涉及违约的场外业务中缴纳的违约基金:以期初商品互换业务100亿元名义本金进行预估,若20%的商品互换业务发生违约,以20%的保证金损失比例计算,则将发生4亿元名义本金的损失;以结算商与交易所1:1承担本金损失计算,结算商按各自清算份额承担2亿元损失。因此,期初违约基金暂定为2亿元规模。三是不超过下述数额的上期所场外业务风险准备金:经第一项和第二项资源弥补后剩余的损失总额的10%;且不超过该违约发生前上一会计年度末上期所向结算商公布的场外业务风险准备金总额的10%。四是未发生违约的结算商在涉及违约的场外业务中缴纳的违约基金;未违约的结算商按其相关违约基金的应缴纳金额比例分摊剩余违约损失,直至违约基金全部用完。五是未违约的结算商根据交易所规定补充缴纳的违约基金;未违约的结算商按其应补充缴纳金额比例分摊剩余违约损失。六是上期所剩余的场外业务风险准备金。

(三)以延伸仓单交易业务为试点,推出非标仓单交易业务,提升期货市场服务实体经济的宽度与广度

1. 延伸仓单的概念

发展延伸仓单业务有利于扩展上期所服务实体经济的深度和广度,有利于与一些规范的地方现货平台进行业务对接,更有利于为期货市场培育储备品种。

根据《上海期货交易所交易规则》(2017年11月版)第十三章附则第一百零一条(三十五款)标准仓单的定义,标准仓单是指定交割仓库开具并经交易所认定的标准化提货凭证。根据《上海期货交易所交易规则》(2015年6月版)第八章交割业务第九十二条规定,标准仓单是由交易所统一制定的,指定交割仓库在完成入库商品验收,确认合格后签发给货主的实物提货凭证,标准仓单经交易所注册后方可用于交割。

延伸仓单是指上期所场外交易平台认可注册的期货标准仓单以外的现货实物提货凭证。根据与期货市场相关程度的不同,可以进一步分为与期货相关的延伸仓单和纯现货市场的延伸仓单。

与期货相关的延伸仓单是指存放在期货交易所指定交割仓库且是交易所批准注册品牌、尚未注册成为标准仓单和注销标准仓单的延伸仓单货物,在期货交易所的库存周报中显示为"扣除期货标准仓单的小计部分";延伸仓单亦指在标准仓单有效期满后一定期限以内依然保存在标准仓单管理系统的过期标准仓单。纯现货市场的延伸仓单是指存放在期货交割仓库以外的社会仓库或生产厂家仓库等的非标准化仓单货物。

2. 推出延伸仓单交易的意义

我国正积极推进供给侧结构性改革,着力改善供给体系的供给效率和质量,为我国经济长期稳定发展和"一带一路"注入强大动力,为中国和世界的发展带来新的机遇。供给侧结构性改革的根本途径就是要完善市场在资源配置中起决定性作用的体制机制,健全要素市场,促进生产要素快速有序流动、资源高效配置、市场深度融合。从较为成熟的期货市场出发,沿商品期货市场产业链向下扎根现货市场,从标准仓单交易走向延伸仓单交易,是我国经济发展的必然趋势。这既是推动建设多层次商品衍生品市场体系的重要举措,又可以完善我国商品要素价格形成机制,为国家推进供给侧结构性改革提供助力。

标准仓单仅仅是大宗商品现货市场的小部分,以我国有色金属行业为例,六大有色金属年消费量在5 000万吨以上,期货市场年交割量200多万吨,期货仓单库存60万吨左右。在上期所期货交割仓库中,延伸仓单与标准仓单之间的比例高达8:2甚至9:1。为切实促进期货市场有效地服务于终端现货市场,亟须上期所标准仓单交易平台通过拓展延伸仓单交易,打通标准仓单和延伸仓单,真正打通服务实体经济的"最后一公里"。

虽然我国是全球大宗商品的生产大国和消费大国,但是我国大宗商品现货市场发展无法像国外成熟市场那样经历一个完整的制度变迁和市场演化,其市场化体系建设与发达国家还存在差距,缺乏统一、规范、透明的大宗商品现货交易市场,延伸仓单交易市场分

散、混乱。这也导致了我国大宗商品交易市场风险事件频发,如2012年华东钢贸事件、2014年青岛港有色金属事件,以及延伸仓单的重复质押,甚至交割仓库内外勾结制作虚假仓单。

"互联网+"新兴平台模式已经成为大宗商品市场发展的必然趋势,以上期所标准仓单交易平台为代表的市场流通主体转型升级创新对于市场发展和企业发展都具有重要意义。以标准仓单交易成功运行模式为示范与推广,将成为引领和规范大宗商品市场流通秩序的重要途径,能够有效防范"华东钢贸"和"青岛港有色金属"等风险事件发生。

3. 推出延伸仓单交易业务的可行性

(1)标准仓单交易的成功运行为拓展延伸仓单交易奠定了坚实的基础。2018年上期所标准仓单交易平稳上市,稳健运行,品种稳步扩容,涵盖有色金属、天然橡胶、白银、黑色金属等12个品种,市场规模稳步扩大,没有发生一例风险事件。更重要的是,平台服务实体经济发展功能逐步发挥,提升了期货市场运行质量。标准仓单交易的成功运行为开展延伸仓单交易奠定了坚实的基础。

(2)交易所现有期转现业务已经涉及延伸仓单交易业务。期转现作为一种提前交割方式,具有促进期现市场间的联系以及优化套保效果等作用,从2000年5月开始,上期所就已经正式推出期转现业务。在期转现业务中,持有方向相反的同一月份合约的买卖双方协商一致并获得交易所批准后,将所持期货合约平仓的同时,按双方协议价格交换与期货合约标的物数量相当、品种相同、方向相同的现货仓单即可完成,这在国内外各商品期货交易所都是非常重要的成熟业务之一。其中的现货仓单既可以是标准仓单又可以是延伸仓单,在上期所近20年的实操实践中,该业务就是以延伸仓单为主。

(3)依托全国布局、管理规范的期货交割仓库是开展延伸仓单交易的关键条件。交易所期货交割仓库的库点已实现全国布局,管理运作规范,没有发生过系统性风险。依托期货交割仓库,开展延伸仓单交易,既有利于上期所标准仓单交易平台通过对期货交割仓库的强有力监管实现对延伸仓单货物的监管和掌控,又能通过促进延伸仓单的流转提升延伸仓单的价值,实现仓单资源的优化配置,更能吸引社会库存源源不断地流向期货交割仓库,提升期货交割仓库的价值和收入来源。

(4)交易所具有先进、熟练的仓单管理系统技术开发团队是开展延伸仓单交易的技术保障。上期所标准仓单管理系统是国内第一家实现电子化管理期货仓单的交易场所,在同行业也保持着先进水平。上期所控股子公司上期上海期货信息技术有限公司开发了国内领先的交易系统、结算系统、资金管理系统、会员服务系统、风险控制系统以及标准仓单管理系统,对延伸仓单系统建设具有很强的熟悉程度和技术先进程度,这为上期所开展延伸仓单交易业务奠定了坚实的基础。同时,目前物联网和区块链等技术在业内大宗商品领域的应用实践已取得了良好的效果,利用物联网和区块链技术对仓单货物进行有效管理的智慧仓库系统已经能够为大宗商品交易提供相关的技术支撑。

4. 延伸仓单业务规划

上期所计划上线延伸仓单登记与认证系统,对相关品种的延伸仓单实现统一登记、统一认证和管理。上期所通过与外部科技公司合作,借助科技手段建设仓储物联网络、物流运输网络和区块链可溯源网络;引入保险公司为延伸仓单提供定制保险服务。在此基础上,上期所进一步推出延伸仓单的交易和融资业务,构建满足银行、企业和海关等市场主体需求的场外非标生态圈(见图4-20)。

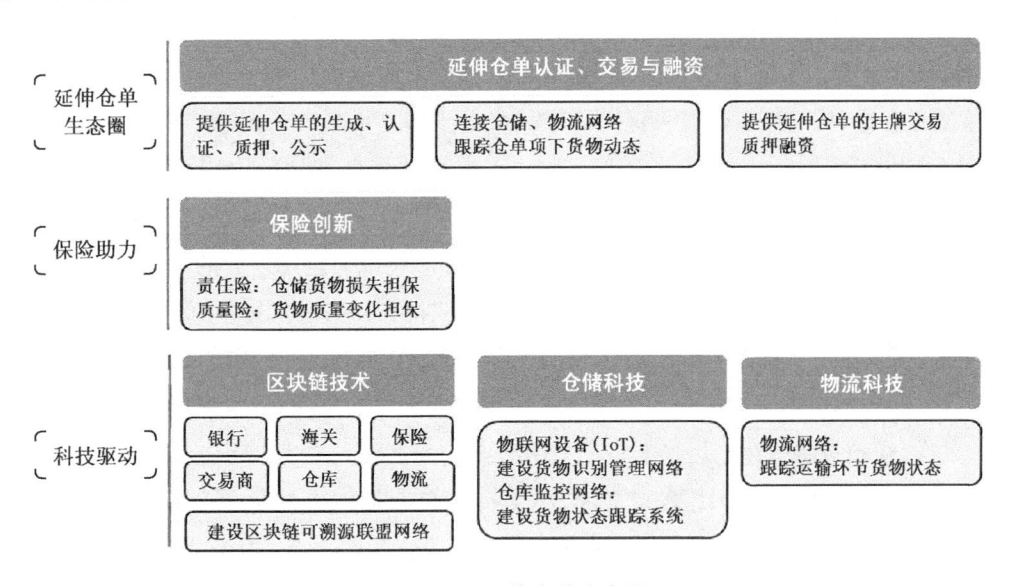

图4-20 延伸仓单生态圈

延伸仓单业务方案的核心是建立一套延伸仓单登记与认证体系以及配套的规则体系和技术系统。延伸仓单的范围包括期货品种的过期仓单、非标准现货仓单和其他非期货现货仓单。

(1)建立一套延伸仓单登记与认证管理系统。建立独立的延伸仓单认证管理系统,将延伸仓单与标准仓单分别管理,可以简化标准仓单管理系统功能,有利于延伸仓单在规则设计和业务管理上相对独立,有利于建立相对独立的延伸仓单的注册登记、认证、管理、交易、交收体系。

独立的延伸仓单认证管理系统,需要同时建立一个与延伸仓单对应的仓库网络以及相应的延伸仓单和指定仓库管理团队。

(2)建立延伸仓单认证、交易、结算业务体系。延伸仓单的指定仓库可以是期货指定交割仓库,也可以是非期货交割仓库,需要与交易平台签订延伸仓单指定交收仓库协议,明确交易平台与仓库的责、权、利。

在交易环节,可以根据延伸仓单的类型,提供保证金交易和全款全货交易两种方式。对于有担保的延伸仓单(仓库担保或卖方担保),可以提供与标准仓单类似的全款全货交易模式,以及提供仓单交易、回购、竞拍、预售等业务模式。对于延伸仓单交易,原则上采取统一交易、结算、对开发票的模式,交易所不承担货物和发票风险。

五、促进上海市建设大宗商品要素市场排头兵的若干政策建议

2020年11月,习近平总书记在浦东开放开发30周年大会上提出"建设国际金融资产交易平台,提升重要大宗商品的价格影响力,更好服务和引领实体经济发展""成为全球产业链供应链价值链的重要枢纽"。2020年11月,上海市就推进贸易高质量发展出台了36条实施意见,明确提出建设百亿级和千亿级大宗商品市场。为促进上海百亿级和千亿级大宗商品市场建设,以及建设大宗商品要素市场排头兵,课题组对此提出的政策建议如下:

首先,在立法层面支持期货法制定工作。我国已经成为全球最大的大宗商品贸易国,但我国期货市场仍然缺乏相匹配的国际定价权。期货法的缺位,影响了期货市场对外开放的效果,制约了我国期货市场国际竞争力的提升,无法为我国期货市场发展和全面对外开放提供必要的法律支撑。建议上海市积极支持期货立法工作,夯实期货市场法治基础。

其次,在政策层面为市场参与者、上期所、在沪商业银行提供以下支持。

一是建议给予税收等优惠政策,推动支持向企业提供个性化创新服务。2020年5月,央行上海总部发文,支持向企业提供场外期权等衍生品服务,为企业管理物料成本风险、稳定生产提供保障。作为全国经济发展的龙头,长三角产业客户众多,企业风险管理需求千差万别,单纯依靠场内市场无法有效解决其个性化的需求。建议支持发展场外要素市场,并在场外要素市场建设的初期,为长三角场外衍生品交易商提供税收优惠和减免,引导企业加强风险对冲,稳定经营方向发展。例如,目前场外衍生品业务中主要涉及企业所得税和增值税,为鼓励推动企业更多地使用场外衍生品等风险管理工具,建议设定对场外衍生品业务产生的企业所得税的优惠税率(目前税率为25%),同时免征场外衍生品业务产生的增值税。

二是充分发挥上期所在大宗商品市场的领头羊作用,以国家级信用助推大宗商品场外要素市场建设,并提供集中清算服务,为场外衍生品行业树立"上海标准"。2008年全球经济危机后,"场外交易场内化"成为欧美场外市场发展的共识,主要是利用场内市场的规范制度,推动场外市场规范发展。我国场外衍生品市场发展迅猛,但近年来在多个地方或民营的平台上发生了若干风险事件,主要原因之一在于存在利益驱动,裁判员和运动员身份混淆,缺乏集中履约担保等。建议以上期所等具有国家级信用的金融基础设施为基础,从源头上解决基于利益驱动而产生的可能的违规;同时由上期所等国家信用平台提供集中清算服务,通过建立类似于场内要素市场的分级结算担保体系,切实降低场外衍生品市场中的信用风险。建议鼓励、支持在沪商业银行如浦发银行、工商银行等积极参与上期

所场外衍生品集中清算业务,发挥上期所和商业银行的各自优势,降低我国场外衍生品业务的信用风险。2019—2020年,我国商品类场外衍生品市场规模均在1.2万亿元左右。市场参与者普遍反映,受限于信用风险,我国商品类场外衍生品市场已经达到瓶颈。2019年,"中拓系"场外衍生品风险事件的爆发,再次凸显了场外衍生品市场集中清算的重要性。

支持上期所为场外衍生品市场提供集中清算业务,不仅能够降低该行业信用风险,还能打破行业规模天花板。长期以来,我国期货公司风险管理公司,由于注册资本较低,难以成为大型国企、央企的交易对手方。大型国企、央企更多地选择外资投行作为交易对手方在境外市场进行风险对冲。若上期所为场外衍生品市场提供集中清算业务,成为场外衍生品业务中的"买方的卖方,卖方的买方",则将使得大型国企、央企与期货公司风险管理公司大量开展场外衍生品交易成为现实,有助于提升我国商品类场外衍生品市场规模。

三是会同上期所及中国证监会相关部门,加强对大宗商品现货交易市场与场外衍生品市场的监督与管理。建议上海市加强与中国证监会的合作,建立健全交易场所长效监管机制,加强日常监管,用好科技监管手段,掌握交易场所的动态情况,提高风险监测和问题处置能力,促进存续的交易场所合法合规经营。建议培育行业健康生态,及时查处违法违规行为,支持合法合规的交易场所发展壮大。

四是支持上期所建设面向国际的大宗商品现货交易平台,鼓励区块链、大数据等技术应用。上期所标准仓单交易平台自2018年5月上线以来,累计成交规模接近4 000亿元,打通了期货市场服务实体经济的"最后一公里",市场影响力不断提升。建议支持上期所标准仓单交易平台开展标准仓单、非标仓单、保税仓单与场外衍生品交易,推动大宗保税商品转让登记规范化。探索通过自由贸易账户为大宗商品现货离岸交易和保税交割提供与国际规则相一致的跨境金融服务。

五是支持中国(上海)自由贸易试验区临港新片区与上期所合作建设保税大宗商品登记转让中心。建议协调证监会、中国人民银行、外汇、海关、财税等部门,支持上期所试点建立相关品种的保税大宗商品登记转让中心,先在上海建立试点,再覆盖到全国。建议引入保险等商业手段,确保资金和货物的安全;引入技术和监管手段,确保三流合一;提供政策、资金、税收等支持。建议提供公司化运作的相关政策支持,推动保税大宗商品登记转让中心尽快建成并运作起来。

参考文献

[1] 〔法〕劳伦特·雅克.滥用之灾:该死的金融衍生品[M].刘镇夷,译.北京:北京大学出版社,2012.

[2] 〔加〕约翰·C.赫尔.期权、期货及其他衍生产品(原书第8版)[M].王勇,索吾林,译.北京:机

械工业出版社,2011.

[3]孟宇庭. 我国推出股指期货的影响及风险防范[J]. 管理与财富,2010(5):6.

[4]中国证券业协会,中国期货业协会,中国证券投资基金业协会. 中国证券期货市场场外衍生品交易商品衍生品定义文件(2015年版)[Z]. 2015.

[5]刘振海. 芝商所打造完美场内场外电子交易平台[N]. 期货日报,2014-12-04.

[6]姚宜兵. 大商所创新试点商品指数互换业务[N]. 期货日报,2018-06-21.

[7]韦钰涛,鲍丹. LME交割制度的实践经验及启示[N]. 期货日报,2017-10-24.

[8]林帆. 金融危机后全球大型交易所发展商品掉期的比较研究[J]. 中国物价,2016(1):61—63.

[9]王玮. 场外衍生品场内化的分析——以美元利率互换期货为例[J]. 新金融,2020(4):31—37.

[10]巴曙松. 大陆场外衍生品市场发展趋势[N]. 中国时报,2018-03-26.

[11]蒋大兴. 论场外交易市场的场内化——非理性地方竞争对证券交易场所的负影响[J]. 法学,2013(6):50—64.

[12]金赟,程传颖,孙晔. 我国证券公司场外金融衍生品市场发展研究[C]. 创新与发展:中国证券业2015年论文集,2015.

[13]罗剑,宋斌. 全球主要衍生品交易所场外业务的发展、启示及可行方案[J]. 中国证券期货,2019(1):41—49.

[14]中国银行间市场交易商协会域外管辖权课题组. 场外衍生品市场变革[J]. 金融市场研究,2013(8):91—101.

[15]王元凯,陈丰.《多德-弗兰克法案》究竟影响几何——浅析法案实施后美国场外衍生品市场发展[J]. 金融与经济,2015(2):65—68+96.

[16]杨建明. 利率互换期货市场发展以及对我国的启示[R]. 金融期货研究,2008(110).

[17]梁柱,何荣天. 美国推行中央清算的发展、趋势及启示——场外互换产品期货化的视角[J]. 证券市场导报,2014(07):53—58+64.

[18]鲍晓晔. 我国场外衍生品市场监管模式的困境与改革[J]. 求索,2015(11):104—108.

[19]何朝阳,冯耕中,范晴岚. 我国第三方电子交易市场的比较研究[J]. 情报杂志,2008(2):113—116.

[20]胡俞越,白杨. 大宗商品电子交易市场将何去何从?[J]. 中国石油和化工经济分析,2008(7):7—10.

[21]张强,汪海涛,赵晨. 浅论工商部门对大宗商品电子交易市场的监管[J]. 中国工商管理研究,2009(5):58—60.

[22]刘斌. 我国大宗商品电子交易市场发展思考[J]. 合作经济与科技,2010(3):99—100.

[23]石晓梅,冯耕中,邢伟. 中国大宗商品电子交易市场经济特征与风险分析[J]. 情报杂志,2010,29(3):191—195.

[24]王志兵. 论我国大宗商品电子交易市场[J]. 市场论坛,2010(12):46—48.

[25]石晓梅,冯耕中. 大宗商品电子交易市场关键风险识别研究:基于实证的探讨[J]. 管理评论,2010,22(12):53—61.

[26]王东亚. 中国大宗商品电子交易市场建设研究[J]. 特区经济,2012(2):133—136.

[27]贾风莲,秦承敏,邢伟.大宗商品电子交易市场风险分析[J].现代商贸工业,2012,24(13):109-112.

[28]李优柱,李崇光,郑明洋.我国棉花现货、期货及电子交易市场价格动态关系研究[J].华中农业大学学报:社会科学版,2013(1):25-30.

[29]方雯,冯耕中,陆凤彬,等.国内外钢材市场价格发现功能研究[J].系统工程理论与实践,2013,33(1):50-60.

[30]许良.大宗商品电子交易市场的物流与金融模式研究[J].中国市场,2014(35):13-15.